This Book Offers Free Bonus Puzzles

Available Here:

BestActivityBooks.com/WSBONUS20

5 TIPS TO START!

1) HOW TO SOLVE

The Puzzles are in a Classic Format:

- Words are hidden without breaks (no spaces, dashes, ...)
- Orientation: Forward & Backward, Up & Down or
  in Diagonal (can be in both directions)
- Words can overlap or cross each other

2) LEVEL UP THE GAME!

A space is provided next to each word to write new ones, translations or notes. We also offer a convenient **NOTEBOOK** at the end of this edition. It can help you organize your annotations, new words and/or observations.

3) TAG YOUR WORDS

Have you tried using a tag system? For example, you could mark the words which have been difficult to find with a cross, the ones you loved with a star, new words with a triangle, rare words with a diamond and so on...

4) EASY TO CUT!

The Puzzles come with an Extra Large margin to easily cut the page out of the book. Some people may feel it more convenient to solve them this way.

5) FINISHED?

Go to the bonus section: **MONSTER CHALLENGE** to find a free game offered at the end of this edition!

Want **more fun** and activities to **relax? It's Fast and Simple!** An entire Game Book Collection **just one click away!**

Find your next challenge at:

BestActivityBooks.com/MyNextWordSearch

Ready, Set... Go!

Did you know there are around 7,000 different languages in the world? Words are precious.

We love languages and have been working hard to make the highest quality books for you. Our ingredients?

One part easy-to-read print, three parts entertainment, then we add some challenging words and a pinch of rare ones. We brew them with care to serve you lots of fun and an opportunity to solve the best puzzles.

Your feedback is essential. You can be an active participant in the success of this book by leaving us a review. Tell us what you liked most in this edition!

Here is a short link which will take you to your Amazon orders review page.

BestBooksActivity.com/Review50

Thanks for your fidelity and enjoy the Game!

Delta Classics Team

Puzzle 1

```
X Q H Y I W R F Q U A R A N T E J N J C
W Q J M G I B Q É B R I P L T G K G O O
V M L L A A T P P L X T C O P A F E U U
J H G I G W F I O T I A F S I T A S R L
W X S T Y A L L W W O C S M K N G U E E
Y N V X U W N F N B V V I I B A I E U U
D M O A N Y O N I H V O E T H V F G N R
S X T Z O A I D O I G T V L E A Z A I E
L L A Q B K Q X Q Z D C H K I R R R M T
Y L R K T F N E R I L C O F S F A U I S
V E C I E É B A R A C S A L A I B O D M
O O C Y N Y D R K T E E P A O A V C R A
J F U O U J X P X X Ê T G S U R Q P U H
M V H Y C Z I T C W M N T H O D É X O P
R F E L Y H C Ô T É U A E R C S D R L I
J E H O F P X R X A M L Q F D X B P Q B
U Z R A O L D N N G P A G E B U N I L
S J O A S A C X U E S U V J S C M R J S
```

HAMSTER	COURAGEUSE
COULEUR	SCARABÉE
COLORÉ	FENÊTRE
PLANTES	CÔTÉ
LOURD	LIRE
DOIGT	SAC
VOIX	FÉLICITER
SATISFAIT	AVANTAGE
DIMINUER	JOUR
QUARANTE	OBTENU

Puzzle 2

```
C L S B S P I F E X O U Z I Z F O I L T
Y Q A E M R M M L K W C I M H Z T K U E
C P W U C O N J P N X Z V U H E O Q F N
L W E Q V J Y O A O M B V N R O Y K S T
I X Y I V E J E S C R A C T I V I T É E
S R F H I T U O Q F R T I U H F G N W G
M W M P I N B E S O I N A L A E K E V I
E N B A A R T N E R A P S N A R T V E Z
Y P D R X J J E E L N U M O T P E U R A
J H K G Q G V I L C X J L S X E Q O S Z
T H É Â T R E W E L A R N S V P B S E C
E X T É R I E U R U I W X I R U J R R W
V O I T U R E V W E B G B O D K T W Q W
R T L L T E P I T U C J E P U J K H F P
U J D N S F N Q A L Y V A N Q Y R E T K
I I K D N F A Y C T M T T V T O Q J T C
A D V E R S A I R E A R M É E D L G U K
H G T I D V K F Q W W H K G Q I R H K X
```

HUIT	ARMÉE
THÉÂTRE	ACTIVITÉ
INTELLIGENT	PROJET
EXTÉRIEUR	BESOIN
TENTE	IMPORTANTE
VOITURE	SEC
CYCLISME	TRANSPARENT
VERSER	SOUVENT
GRAPHIQUE	JUPE
POISSON	ADVERSAIRE

Puzzle 3

```
C A Z D W K V C T O H U H R D K J D S H
F I I C G G B E G A M M O G K F B U B F
C T V N M L L R G D O Y D N C E W I W T
K X V I Y K U F V T T B M P E U Y N C S
N D Q Y L X X V O S H N F O I D B F C J
H K E J D E J O S R R O S E R E K D E A
S A V A I T A L M J E E F U M G D A G I
F F C P G Q R A W J U U M O I È S S O N
E E L Z G E M N T X I D D A O L U E S S
D R O V V Y E I T M X E C Y G D I K S B E
P A B H H P L Q Q R H Y E T T V G O O N
N O G A R D E R U E I R É F N I I R H S
O J R C A S S E R X Z O R M E R D C D É
S B L T N E M E S S I U R B L P Î I Q Z
I Q E Q É Q Y H O E D L Q S A N N È K X
R V P R F X Y O X T A H O T T O E R X G
P V Y Q Z M R I G L S J F V S E R E L E
U Q N K G S B C H W P Q T V Q F F U T W
```

CIVILE	PORTÉ
DÎNER	INFÉRIEURE
DRAGON	BRUISSEMENT
NOEUD	PIEDS
CASSER	SAVAIT
MILE	GOMMAGE
PRIVILÈGE	SEUL
CERF-VOLANT	FERA
PRISON	INSENSÉ
TALENT	SORCIÈRE

Puzzle 4

```
T E Q J Z C K C Q P Z A H X Z T X A P Q
W B T R M Y F H S P A M B G I S J P O U
H I D F S Q H A Q R T R E R U T P A C A
U T I L I S É S J M U S T N C X B K W T
D P R G G T L S U A Q J Q I J J Q I X R
N I K L P A X E R K P E K M C B V E S E
E Y W P Y L Y J I G I P N Z W U A C S I
T P I R Z P X H D A L P E L I B L M A O
T R F O L D Q K I B S S M L R K Z I K Z
A K J G N K N A Q F V V K O É U U S E D
C M O R X L I B U O P A I S I B L E M R
C A B È V G Q O E R I O T A É L A A M Z
W V P S I N H N M E R V E I L L E Q O L
E C U A R Z V D P E R R O Q U E T W P K
A P V Q C J O A F Y U R V X I N H U N
F Y A C A I N N I A M U H E G Y K T F M
N S S A G K T T Z Q K R X N O Q U O W P
M I R O I R N É W M P Y J J Y O I L C Q V
```

ATTENDU	CHASSE
PERROQUET	OIE
ALÉATOIRE	MERVEILLE
POMME	PROGRÈS
APPELÉ	ABONDANT
UTILISÉ	CAPTURER
JURIDIQUE	PLATS
PARTICULIER	MIROIR
HUMAIN	CAPACITÉ
PAISIBLE	QUATRE

Puzzle 5

```
Q Y N I I Z U F E O C Y M M C A M N W I
C X P S C N C D I P N I C S R U Œ S Q D
A Y L Q S B T O J G B X A S I E G V W E
R U E L A V K E C K U U J É T I R É V N
O F R L Z I D E R C T R B W I U U A L T
T É F F G N D G C N I L E F Q K D Z P I
T D M D T F P J W F A N T F U S Y L G F
E É R U H O O X Q E O T E H E W P N Z I
E R È I M R I F N I Z R I L R Q H Y O E
S A Z N M M S K Q A A É R O L A O A U R
I L S G T A Z M L V O S O F N E O R S X
R Q U K E T P M H D Y O X T H A D G W Y
E E Z G B I W G F Z F U E L J Z L U Y U
C R T K G O H V Z O N D R A L U O F P H
W G F H O N R Q A P L R R A J O K Z K A
E X T R Ê M E M E N T E R I U D O R P X
D E Y Z P K W Q M U L T I P L I E R R J
P E R F O R M A N C E Z S O H Z J T Z W
```

INFORMATION	SŒUR
FOULARD	EXTRÊMEMENT
INTERNATIONAL	VÉRITÉ
PRODUIRE	CAROTTE
INFIRMIÈRE	POIS
RÉSOUDRE	VALEUR
FÉDÉRAL	PERFORMANCE
IDENTIFIER	COCCINELLE
MULTIPLIER	CERISE
FIGURE	CRITIQUE

Puzzle 6

```
D K D V U Y T P L W Y F U P A Y E R R M
F I O Z E T I U D N O C X B K V R E B A
H N S G N N Q I J E W G J D G C È L J I
E B Q P K P I T S Y E Y E N J F R F I N
I T H F A R G R H X X G I K F H F I A T
H R V R K R C F X H C L U B R V C N I E
P I J I H J A D Z E V D Y D L A V E M N
A E L E K C E I N L X M C N D E G R A A
R M R A K M Q K S P A T I N E R N P G N
G Ô E S S E G A S S Y Y O P X U A E E T
O L R U O M A L B M E X T S F T R K H T
T P A T X N P Q O X L N W E V N R A S E
O I P K Q I N T V B W W T O N I A X T M
H D É Z A T K E A T O M I Q U E T H S Z
P G R R O B U B S G R A N D I P E B N S
L B P E S X B G K Y K I L X F K U R W C
X L D U N H T X T C G Y U A I E R D L S
A O X T I L X K N J L E J X Y D C O Q N
```

ATOMIQUE	CLUB
AMOUR	MAINTENANT
PAYER	IMAGE
DIPLÔME	CONDUITE
PHOTOGRAPHIE	NARRATEUR
VENIR	PRÉPARER
PEINTURE	GRANDI
DISPARAISSENT	PATINER
SAGESSE	PERSONNES
FRÈRE	RENIFLER

Puzzle 7

```
A L X C O M E S T I B L E N R E D O M V
D É J À A M G L N N O I T A R É B I L O
K T T K C T O L M U E L É G U M E C A I
J I Z K A B G R O W P T F S G F V É N L
S V A R C U C N S S Y S N F R H Q L Z E
Y A Y O E E Q X D U S A Q E A U W È P Q
J R R P T F C X V J R A B P S Q Y B O W
H G V O Y A G E D I D E I K H É Y R L R
Q N C P X K R K R A G X O R B Q R E I X
É M O T I O N N E L L E B O E B D P E O
M O N R B W X I X J O S S B B R Q E E N
R É S I D E N T N E M E S S I L G D Z R
K P N K B H F N K B V G U D D A Z P X W
N U I B T Q R F W A P G L K N V Z O C Z
D Q O T Q K Y V N I X P X C C E S I A I
Y R S Y S W L F X E Q L S V O H B A L H
C R E R T N E C N O C X K C X C C I H H
C N B D S B N R P K A K T I K M U F B Q
```

ÉMOTIONNELLE	CACAO
COMESTIBLE	CHEVAL
BESOINS	MODERNE
VOYAGE	GLOSSAIRE
REPRÉSENTENT	MORSURE
GRAVITÉ	VOILE
POLIE	RÉSIDENT
CONCENTRER	DÉJÀ
LÉGUME	GLISSEMENT
LIBÉRATION	CÉLÈBRE

Puzzle 8

```
M M G O E P G Z E D U M K Q R D R R S Y
O K Y L R E R D N O F N O C E P É E A Y
U E H T D Y T É O I Y L I I X M S Ç U B
S A E V B O F Y C R U X U R P I E O T R
T I A Z S E N S C I E D S T L T A I E E
I H Z V A H F P I T P U W B O A U V R C
Q H Q D T O W X R S R I L Q I I H E E J
U J Z L G K O J C C T A T H T N P N L P
E X S F A A G A U O I W Î E X E W T L R
K B E H K Q H F L O H C X N R S X P E V
C O I N O A U U E T B L C T E M S S L O
O A G N E A U A R E V I H W R A K H K M
N H B F F G Y M T R B I M A U Q U E L F
F G L V C F R I T R I N E T R A P P A T
V K O W U M L C G N I O O P M A H S O M
V O V M Q R D F S R X È K K L F B Y Q K
S C I E N T I F I Q U E M B K W M N C B
N L L O Y E R R N I O P Y E K R L Z E K
```

QUATRIÈME   APPARTENIR

HIVER   SHAMPOOING

CONFONDRE   CIRCULER

MOUSTIQUE   COIN

LOYER   SAUTERELLE

EXPLOIT   AGNEAU

MITAINES   SCOOTER

RÉSEAU   SENS

SCIENTIFIQUE   REÇOIVENT

TRAÎNEAU   PRÉCIPITER

Puzzle 9

```
E J F G O C N Y P E F M Q L H U A U B U
L I V R E U L R I S É D A E P D G D U A
É R W E K H O Z S H E U R R T X R F Q L
V P K R M U U J T R O F O D D K J V P N
G R I O P F Z C O T C W B C U I Y B M Z
P É J N B D C E L E P P A P E V T U T T
I C A G G R X U E Y O S O M B S L Y L A
P R P I M L U Q T N A D N E P E C T V Y
L É D U J L E I A L K I U T U I F S A S
O A N V L A I T N E M E S S I T R E V A
N T F T T B C A T F R A C T U R E L H P
G I S N C T É M A E Y A W H I E D L A J
É F T H J O R A A F X U D V P R I N C E
E S Y T N O P R U A O B E R M T G H Y H
I V S X B F X D N O R D B E W T I N N M
M X U E G L G V S H A U O P L I R B S K
E X B Y F J C K S W S I Q D A H K E D B
K M B J P N U D N Q W U A D J P L Y P U
```

DRAMATIQUE	PRINCE
FORT	LIVRE
PISTOLET	FRACTURE
PRÉCIEUX	APPEL
CEPENDANT	SECOUÉ
RÉCRÉATIF	SOYEUX
FOOTBALL	PLONGÉE
RIGIDE	DÉSIR
AVERTISSEMENT	MARDI
ÉPINGLETTE	IGNORER

Puzzle 10

```
L N S Q N Y N J C P L T Z H R Q K F J H
C G Z O B P Q V G M D N O F O R P A F D
M H R N L K L K K K C O E M G E L G A O
X E A T Q M U I W P O I L Y B Q B X D H
W B K H N A A D Z R N T V X S E D U T É
X R V V I B B T Q I V I G S K R R S J D
S A T T E N D R E N E D L G O I U I O H
D U N C W S A W L C R É E X U O U O X T
Q A R P Q O A D B I S P M A E M M E F H
M D R V R Y J P U P A X I S U R P F M E
I A N Q E O I T O A T E L J A A W M J R
Y P I P E I M N D L I K Q X F I K U C M
J O S N K E L U R E O H K H P I P F G O
B T S I T R W L E F N Z H Z R F R C N M
M W U A E E D R E R I V A G E Z I D Y È
V L O B Z I N H P R J O C B J G S Y F T
L T P T S A J I D V K D I R I U E C G R
Q P F H K Q R O R X Q P S W Q V V P G E
```

BAIN
ÉTUDES
ARMOIRE
MAINTENIR
PROFOND
POUSSIN
SURVEILLER
PRINCIPALE
GEL
TOMBER

POT
PRISE
SIX
DOUBLE
THERMOMÈTRE
EXPÉDITION
FEMME
ATTENDRE
CONVERSATION
RIVAGE

Puzzle 11

```
S I M P L I F I E R C A A O U S U L P Q
C O U R I R K X M E O W N J Z O P W T A
I F B E R Z Y G N P N C I Z L U A H T Z
N R Y V Q É Y O L P T L M G V D N S S Q
C B H R E I V D J A E J A M G A T R K R
L K O E B B Y E T R N O L G B I A R S Y
U V Y S U O L M I F I E N J I N L W Y I
R T W É I C Y G T L R S A O Z E O N A K
E J I R C C D L R O L E P K P M N F N F
P U B P I U M W O H U É N C R E C T E W
A G E N T M I U P Y R S K S V N K T E B
A C H E T É D C S J Y N T L E T Ê T J C
F Q N D E Y O R N S L E J H Q M D F Q C
U M X V S U V Q A A Q I K N J J B F S Q
Y F Z F P A D S R D Z C K W L A W L S V
Y Z L H N W R M T E H N D E I B D O E A
E Z R X E L U C P V K A U P Q O U O K F
E N T R E G I L J I S L S Z N U X H H L
```

ENTRE	TOUS
INCLURE	COURIR
ANIMAL	CONTENIR
ANCIENS	PLUS
TÊTE	ICI
AGENT	PRÉSERVER
ENSEMBLE	TRANSPORT
FRAPPER	PANTALON
ACHETÉ	SIMPLIFIER
RÉVEILLÉ	SOUDAINEMENT

Puzzle 12

```
R F L E U R E L K K A F F F E T S E W F
Y É T É I R A V E J C R B A T K L E I I
D W P S U E V J T D T I A L D U X H N N
K X U O H K C P N N U Y L X N O U U T A
A Y K Q N C H A M P E R U T N I E C É N
Z S V F K S X R K P L M A H O R U L R C
B K S V Q P E K P L L O E N U H O C E I
N B H E M Y Q I X I E U I N D E B B S E
Z D S G Z C W V J G M V U A I W N A S R
B E R C E A U A K N E R N R X A F S A N
V D F O C W V U J E N I M E H C T E N X
Q J Y Q J H W S L R T R X J I S R R T K
M C R O X Z G S S D K M Z Z K B W E E K
S Z E A W J M I F O B A A V F D L Y V C
C A E G M Y J Q U G W H W B Q B Y A Q S
M J Q S F I J X G S I F J O E I A S R E
G B U J B D P X R A K Z X P K Y L S L I
Z X C A D Y M A N T R S P J U J R E S A
```

BASE
VARIÉTÉ
LIGNE
INTÉRESSANT
CHEMIN
BOUEUX
ESSAYER
LAIT
CERTAINEMENT
OUVRIR

ACTUELLEMENT
FINANCIER
AUSSI
CHAMP
RÉPONSE
BERCEAU
CEINTURE
ASSEZ
HOUX
FLEUR

Puzzle 13

```
E É L E G J D A E Y X O K P L U É M V C
T M W E Z A U T S E R U E H T G T É C U
N E P R H L U U L S B S U I B C A D X N
A V D L P Z R O P J U C A S S É G I P U
T X H M O A D V E B O M Y N Q L È A T Q
D J C B T Y V C B N Y T E P D G R T K G
O H S R X M É Z A O R Ô Y R D A E I R N
Y Z E S W J O S E D E T N I V Z V Q E G
Z C N S Y Q I J F E N Y T W D E L U X J
N D Q U O C N T X U C H X W B B U E P Z
X S C G Z Y B F P X O F J E O U N G L Y
A F K V Z F E E O I N É T A N G D G O D
M I Q K A U H I I È T F A B M T I X I E
K M X L L J O S S M R M Y H R É L G T B
U T N V C N P K O E É V E P X G N O E G
X G I F K N I T N T X P T W S D I I R I
S É L E C T I O N N E R B H L H N Y C U
P R I V E R E R I T E R Q U C B G W M H
```

SÉLECTIONNER   EMPLOYÉS
GELÉE   RETIRER
RENCONTRÉ   ÉTAGÈRE
CINÉMA   RIE
DEUXIÈME   LUNDI
TANTE   TÔT
PRIVER   MÉDIATIQUE
ÉTANG   EXPLOITER
HEURES   CASSÉ
POISON   ASSUMER

Puzzle 14

```
R A R E S M B B B Q Q G C G O E B T E Q B
K O N R U R G E T M O H T M O I J S K A
O V G U R E T U O J A I X O E E R P X L
T T E T P D M A K G S E R U T N I E P A
E Z P A R Z Z V N L D R L C Y T Y I O N
B X H N I O S S S X V Q L L T Ô Z Q P Ç
X M P A S Q A O J G P T S L E T S I E O
U U M E R I A N N O I T S E G P G T R I
H I S M R Q L U H M K I E U Q I P Y T R
E G A F P T Z D M Y K Y I M N V G A E E
Z K C B E F Z S A I S O N S H F Z J R E
M U L T I P L I C A T I O N G G W W G P
M K N S V R Z H J I A F Z U E U W K I E
R O C H E R Y G I X J A T H R D F C L G
B X J V T H È S E C I C R E X E R M R H
K L E X Q J H A Z P Z L J M N B U Q F C
P J É V X S Q F F P Z B L I I F I C Y A
B P Y Q J A E H F U Q X E G D T T W I M
```

RAPPELLE	PEINTURES
SURPRIS	BLÉ
GESTIONNAIRE	AJOUTER
TYPIQUE	EXERCICE
RARE	NATURE
BALANÇOIRE	HIER
BIENTÔT	MULTIPLICATION
EXPERT	PERTE
THÈSE	FRUIT
SAISON	ROCHER

Puzzle 15

```
P  R  É  S  E  N  T  F  V  M  Z  X  D  I  M  X  E  G  B  K
V  K  T  C  U  O  H  C  J  Q  E  D  Z  É  S  O  R  O  Q  R
I  J  H  D  V  A  N  C  Ê  T  R  E  W  H  C  R  R  W  L  B
S  E  U  L  D  D  C  K  S  D  S  E  W  E  U  I  T  A  K  I
A  R  Q  G  W  F  Z  H  C  Q  F  U  Q  G  Q  F  D  L  L  E
G  A  X  P  E  Z  G  Y  R  S  U  R  S  A  U  T  A  E  F  N
E  N  C  S  G  O  Y  E  K  U  X  Q  W  K  L  F  B  I  R  O
I  N  D  I  Q  U  E  R  U  Q  M  X  R  C  U  Y  I  C  M  I
U  M  C  V  O  R  U  R  N  L  A  R  L  O  T  U  N  N  S  T
T  E  S  T  S  D  F  E  I  K  W  O  A  T  U  U  V  E  W  A
U  N  N  I  H  W  H  I  E  A  P  S  Y  S  U  L  D  C  W  I
R  É  D  U  I  R  E  P  C  C  T  E  C  K  K  U  H  R  Z  V
D  T  E  O  P  N  M  L  Z  S  H  É  Y  U  D  H  E  A  E  É
D  E  O  E  O  Y  G  Z  J  I  U  X  R  J  J  B  O  U  K  R
T  D  T  G  T  C  L  I  P  S  R  E  Y  C  B  E  F  B  Z  B
U  Y  G  G  Q  S  V  P  V  Y  O  G  F  R  E  D  U  T  É  A
O  Q  I  F  K  Z  T  O  A  L  X  K  X  A  P  S  W  B  U  H
J  Z  Z  C  D  L  V  Z  U  X  F  E  A  N  Z  Q  H  T  Z  V
```

BIEN	ROSE
MORAL	CHOU
ABRÉVIATION	DÉCIDER
TEST	RÉDUIRE
STOCKAGE	CLIPS
SECRÉTAIRE	PIERRE
PRÉSENT	VUE
ARC-EN-CIEL	-INDIQUER
ANCÊTRE	ÉTUDE
SURSAUTA	VISAGE

Puzzle 16

```
J B S S Y Y N D N H Q X U T J W C V Q W
Y J A P E A F P V B R H V N E B N T U N
U H G L E I C I F F O J K H E R Y K W Y
T T C S A P Q P U O S T J S C W Z V J P
R V C A F D H H H W O R Z F W V N Q K E
T O B L L A E O L Y T F C U K P D N K L
V B H L P U T U A H S É L Ê M M E Q L X
N X Q E O N O I T A T I V N I S U W F T
H Y C S K O U X G B G C Q X F T Q M M L
Y O M N U Ç K A M U A E V U O N I U J D
V J D A S R A G D E É R Y R E E T S U O
E M F D P A R I É F L V A R H D N C X U
A A M X K G Y L C O J I E U C N A A H Z
W T K M P Z H Q L Z K O M X N E K D Z E
X U Q I B U T C A L I P I M A V S E E S
J H Q K F J W H T W Q L T A L Y P O P N
L B R Y H A I N E A D A N U P H B D D G
C Y P C V N E Q B M U S P A S D V U T Y
```

ÉCLAT	PLANCHE
MUSCADE	DOUZE
FATIGUÉ	ANTIQUE
EMMÊLÉS	POIVRE
INVITATION	HAUT
NOUVEAU	BALADE
HAINE	VENDENT
OFFICIEL	PHYSIQUE
GARS	GARÇON
SALLE	DANSE

Puzzle 17

```
Q O R É E L L B C Q A X M S O U T N F Q
E Y L D T M N Q D O S L Y U I N V X X D
S E Y Q T V P U J X N S R P G M M M X U D
U M K L E T Ê P M E T C K D N E K E E W
A Q X N U P L A Q U E Â L N O V A C I V
M C O O Q F O R M E C N P U N O O U G P
D B G U O W A Q G É O E U A S B K M I T
R N B D R I T U G B C G O N B I X J L I
P F S U H I T W B M W L P O L I O V E L
R C V K B N T N A M I A A I L L M N R C
V J U E N H Z I T W G F U T J Q O O E H
K X R Z Q L D I R Y G U X U É Y N I C A
I N U T I L E Z G E R È I T A M D T B R
P O L I C I E R U G R Z Y I N P E A I B
T N D T F D A B B X K M J T N V Z N S O
A W Y T K A Q W Z D Z C R S F X I J G N
C I K D U F T V A R N X O N Z G G Y Q R
P J M M W G A A Y K S N E I A H S R H X
```

INUTILE	WEEK-END
CHARBON	ÂNE
TEMPÊTE	FORME
AIMANT	CONCLUSION
MATIÈRE	NATION
TIRER	INSTITUTION
MONDE	RELIGIEUX
ÉCLATÉ	PLAQUE
RÉEL	OIGNON
ROQUETTE	POLICIER

Puzzle 18

```
K E A J T V M O R P R I D E R E P O S S
H B P Y B E Y E E H P Q I R E U R E E V
U R P H J A M K D W I O P T L Q P I T F
I F F T J Z I R I S U D L O Û I N F È A
S N U C E V J V V Z T W Ô I R T H P N F
V E T L I U E R U C É W M J B S L C A P
Z K L E L X V E W Z O A É U D A Z A L M
T P B U R S M I E X U I L I W L M D P O
T T Z N I N Y H S D U L T J Q P S E Y N
O Z V N O L E A C A R R I È R E S A C T
F H W A V P U C M J E O V Q Y D O U K É
B C A P A É C H A N S O N H Q J O X Z E
G K Z O Q Y T A Y X T F R F X E F M J Y
G Q C L M D N O C C H A N C E M W V V L
L V S W J J M U I T O P W T F X X F E X
M É D E C I N E V L E D B A N A N E Y R
C Y W U X W B D B D E B I U V M B V V Z
O K Q T J G P G H I Z Z S M T T U Z O L
```

REPOS	ACTE
CAHIER	CADEAUX
ÉCUREUIL	BRÛLER
AVOIR	CHANSON
ÉTOILE	CHANCE
ANNUEL	INTERNE
DIPLÔMÉ	PLASTIQUE
PLANÈTES	BANANE
IRIS	CARRIÈRE
MÉDECINE	MONTÉE

Puzzle 19

```
M S M L T B R A C Y E B Y É A Y B D N D
J K A E N Z F G U P I R K G S C A A Q Z
Q G I F F I S Z R M L Y G A R S T V O V
Q D N S Y S V I N M E Y M L A P A E J I
C O N N A I S S A N C E S E D O S P U E
X E L Y I V X I U R K M M U I U B O H R
Z Z B N B H B H B Y D I I Q S S T S A T
G I R A F E A J G Q I R T I C S N U V I
W F Z S S U T Y H H R I G R O E Y F E P
Z L W B A R T H L Q E C M T T R V A B A
E H K L U P R D H B G N E C O C V N I H
M J U Q V B E D O I R É P E N U N W K C
P A R T A G E R V U U R A L I X R J B F
X N N N W N E Y X S B É A É X P I Z Y G
H W Z Y H R L A Q Z M P D Z D V U A P P
U Z W Y D R C W U V A E N F L B J Q K N
C G Q W B M G O B Z H R T X T I G R E F
W A T E Z K J T I W K W P N K N B P N K
```

MAIN	BAR
CHAPITRE	PARTAGER
RADIS	GIRAFE
REPAS	HAMBURGER
PASSÉ	CONNAISSANCES
COTON	ÉGALE
PÉRIODE	ACTEUR
ÉLECTRIQUE	REPÉRÉ
RIME	TIGRE
POUSSER	BATTRE

Puzzle 20

```
H  O  W  D  D  M  F  H  U  M  B  L  E  V  P  Y  D  D  G  X
Z  S  V  E  C  R  O  F  O  K  R  K  S  O  W  Q  O  U  K  U
G  A  F  S  W  P  E  A  Y  L  H  Z  O  L  F  A  E  A  D  O
C  T  C  S  G  W  H  A  V  S  R  Z  I  E  J  M  D  S  I  U
M  J  G  I  E  J  B  N  Y  F  Z  N  M  R  L  W  I  K  S  M
J  H  O  N  P  R  I  M  A  I  R  E  Ê  U  U  R  D  X  T  V
U  C  Z  E  R  D  U  O  P  Z  A  L  M  O  K  E  Y  F  R  Ê
Q  N  A  R  U  O  J  N  O  B  M  U  E  B  L  H  O  F  I  T
T  R  I  C  Y  W  F  A  G  D  L  A  A  M  W  T  P  Z  B  E
J  H  M  T  H  A  F  O  Y  C  A  P  I  A  L  H  F  Z  U  M
X  P  T  A  É  E  O  N  G  W  C  É  Q  T  P  S  O  N  E  E
C  O  P  C  O  O  R  C  B  F  J  K  V  U  Q  S  Q  F  R  N
S  P  E  O  C  K  G  U  R  Q  E  N  O  H  P  É  L  É  T  T
F  C  R  V  Q  K  M  I  E  N  S  I  L  U  O  X  M  D  A  S
J  O  M  A  F  K  B  V  P  T  D  Z  T  B  Y  I  N  H  N  E
M  X  I  W  X  L  Y  E  Q  S  C  S  S  Q  B  Z  B  U  D  C
S  G  S  O  F  W  P  V  Q  Z  R  A  I  O  A  Z  L  V  Q  B
A  P  G  O  L  J  P  R  J  E  N  D  F  X  G  U  F  U  A  Y
```

DESSINER	TAMBOUR
TÉLÉPHONE	BONJOUR
PRIMAIRE	SOI-MÊME
PERMIS	FACTEUR
UNITÉ	CALMAR
POUDRE	ÉPAULE
HUMBLE	VÊTEMENTS
AVOCAT	VOLTS
DISTRIBUER	VOLER
FORCE	CACHER

Puzzle 21

```
Z O S A O W T H T Z Q Q T H V F P Z T T
A H X T O K N V K K I V A P V B E G L U
J K N T D O U X R R I T L P H Q N G V L
M F I E É Y Z K E E S P L J Y X S Z B U
S A J I R É S E R V E L I Q I F É J Q P
U Z Y G A E O E U D N K S S N J E N C H
A Q F N P T T R E I C A I R C B H S K U
J U O E É S P I W J V T N E M I A R V D
Z Z I N S E J A V P F S G F E R N F L N
L S H T È V P T T N I V E K Q E B E X F
S U I V R E A I P D I Z E R H D O J J T
N U X K T K Z S N K B H W J È Q M Z W I
N O K N V X K R E L U C L A C I D P P R
E S S E N T I E L L E S C E N Y M H Z O
T R O I S B J V P A N A I S U U V E Y I
K L D U A Q J I R Z Q A H U O D W N R R
Q K T V V X I N W C Z W H G S E B P E P
Z K B W T U Y U Q L E F E S W E W D K B
```

PENSÉE	TRÈS
TROIS	TIROIR
DOUX	RÉSERVE
UNIVERSITAIRE	VRAIMENT
PISCINE	INVITER
PREMIÈRES	SÉPARÉ
ESSENTIELLES	ATTEIGNENT
SUIVRE	PANAIS
ACIER	CALCULER
VESTE	SINGE

Puzzle 22

```
V Y A U J C R Y U Z Y J A J T V M W A P
J K B B U H É N Z D Q S P O E T U H C R
F U D Q C P P S P W U D I V Q T J S R O
N L E H T Q O E L H A S B Q M N E V G P
J I G T E G N K R F T T G D G E B R T A
F L L O W L D R O H R U O Q R M C E R G
J J O C R E R I P S E R D B W E O S A A
Y M J P O K E D U B V Y O N M I N N V T
C O N S E I L X J I I B H P B O S E E I
Q J P V B L E N O E N T A I R B A F R O
R C C J É D S T B N G V I A L A C F S N
D É L I C I E U X V T I X M P T R O H B
S I I C N Y A M B E R H D L B X E K B W
C M H W E K K N G N I F E T B R R F B S
G I D C M V G S G U G Â T E A U E S Q P
K C Z H M D L Z O E V I S I B L E F K H
W X R E O B A W E Y H Q I O C U I V R E
X D T H C F P K G O G U L A K G A C I C
```

COMMENCÉ
TIMBRE
QUATRE-VINGT
CHUTE
CONSACRER
BIENVENUE
PROPAGATION
RÉPONDRE
JETER
LISTE

BUS
CONSEIL
RESPIRER
GÂTEAU
TRAVERS
CUIVRE
OFFENSER
ABOIEMENT
DÉLICIEUX
VISIBLE

Puzzle 23

```
Q T A F O B X E V I F P J L A S A Q U S
P R B Z H H B L U I K K H A B W A Q J S
B E N N O B S H I B D D F V W O A C X D
W N Q P W É Q I T D C H O A V R A I U L
B T D T I K C J H O B L H G Z V E B F X
C E U G M G K H L G E T R E V U O C É D
L O P O I D S E A Z A Z Y L T E M P S D
O Q N Z T G S B C P D F P U T P P P O I
C U E D E X I G E R P I W C U D R A Y F
A F N R I I H F R R M E E I L I I R Q F
L L U A E T N A M L N S R T D D Z T C I
I S J G F M I A R R I V E R X R P I G C
S Y H E F X H O A L M L Y A N K K C Q I
E A E R T L G Y N J T U D P Q A R I W L
R M I V K A N B L N X F L B Q A Y P C E
U Q S P L R B P R É C É D E N T B A B Q
T G M E E O W L P D Y E P O Z J Y N C D
Y A F H I U S J E Z I C K V G T T T T U
```

LOCALISER	JETABLE
PARTICULE	CONDITION
BONNE	DIFFICILE
ARRIVER	PEU
TEMPS	REGARD
POIDS	PARTICIPANT
PRÉCÉDENT	LAVAGE
VRAI	ÉCHAPPER
EXIGER	DÉCOUVERTE
MANTEAU	TRENTE

Puzzle 24

```
K C E E G G G I E F N Z C M O N W U Q C
A R H P K W R T N L A I S S E K D K S K
N È O O R Z A D B D X J F B W O U B N W
G G W C I B T É F V É V É R I F I É L E
O L X S I X U B F L U P T O U J O U R S
U E V E J T I A S U Y D E M V S N A F M
R C T L G N T T Q I A O S N P O Z E R E
O I Z É O M E G L O H B I Z D M I C B P
U R P T S E M J W T T R R Y F A K S R X
L F G V T A E Q Q D X I P L A C N R F A
T T E P T I N Z X K P V R K U P H T P C
H O R S O O T D B V E S U H T K Y N R J
S H F O S Y E F B E C F S J E S I A R F
L D F F B V I C O U T E A U U L G W O N
É P O U V A N T A I L D F P I A Ô X E U
S A U T É V H N S I Q W W É L U O R N E
J L W N J A V L S O C F W R J C V T R L
N I E I X J H X V T V P J F M W K J E M
```

CHOIX	DÉBAT
SCEAU	FAUTEUIL
TOUJOURS	ÉPOUVANTAIL
TÉLESCOPE	VÉRIFIÉ
SAUTÉ	FRAISE
RÔLE	SURPRISE
RÈGLE	KANGOUROU
LAISSE	INDÉPENDANT
GRATUITEMENT	COUTEAU
ENROULÉ	HORS

Puzzle 25

```
F  K  N  W  E  P  C  B  C  T  R  G  F  M  A  S  B  H  G  S
R  I  N  I  F  É  D  U  O  N  E  G  V  O  I  L  W  F  L  O
A  M  O  W  Y  S  O  R  É  C  O  N  I  H  R  E  Z  C  C  U
G  R  R  U  B  L  J  E  T  R  E  L  A  O  E  M  T  M  Z  P
M  N  É  Q  A  K  W  A  É  D  S  T  Z  G  T  A  U  T  Y  E
E  I  H  H  T  P  M  U  L  A  P  I  X  O  A  P  W  L  E  C
N  O  I  S  I  C  É  D  L  M  K  H  S  G  L  W  M  G  E  S
T  R  A  I  L  L  E  R  I  E  B  U  P  V  C  B  A  B  T  S
N  X  S  Y  D  U  T  K  E  B  M  C  Z  J  É  Y  D  B  Z  B
A  D  H  J  S  K  N  B  L  T  J  O  O  S  H  N  D  T  K  A
T  N  P  E  R  W  E  X  O  Z  S  M  A  F  G  H  N  N  C  Z
S  V  N  S  T  Q  R  J  S  I  R  B  D  I  K  K  N  W  Y  S
N  O  I  L  O  W  É  P  N  H  F  I  G  I  R  R  F  V  L  W
O  B  Q  H  S  P  F  A  E  R  J  N  E  G  N  N  N  N  O  E
C  E  H  N  T  E  F  B  O  N  D  E  N  I  M  L  Z  R  D  V
J  A  R  D  I  N  I  E  L  P  N  R  S  M  I  U  G  E  I  S
W  Z  G  H  J  U  D  R  S  T  M  Y  N  X  I  S  R  Z  C  E
F  H  O  F  J  M  D  S  U  A  E  U  Y  Z  Z  U  W  E  V  G
```

ALERTE	FRAGMENT
GENOU	FORMULE
DIFFÉRENTE	-BUREAU
DÉFINIR	ÉCLATER
HÉRON	SOUPE
CONSTANT	DÉCISION
JARDIN	PENNY
ENSOLEILLÉ	RHINOCÉROS
COMBINER	MIETTES
RAILLERIE	PLEIN

Puzzle 26

```
Y F Y W B L V I G O U Z R A M X L B Y W
É R S A N T R X H Y T M V C T S J H Q M
C L S F V Z R W R V É T I S O R É N É G
H S É H V N E E L J C R D I G I E K D K
A I A M N N J N B Z H E X S Y R I C P V
Q N P L E P U O R G O V F S Q F W S J R
U D B W E N Q M L O U H K A S F P M E W
E É N C M O T F S L E M P W U O X Z S A
X P J P È I A A R F R F A M I L L E T U
H E O V I T C T I B N X B Y Y U P F J G
V N Y T T A I H G R U E T C U D N O C M
N D A Y P V L K A F E T U G F Y R U M E
N A F S E R É E R Y H Y I D L I O H Ê N
Q N M O S E D U E H O O D T E C N B M T
E C V X I S B Y T U P F H L S B K A E E
H E B X S P B Q V N P O U R R I Z S H L R
X Q Y M S O K O I A J D Q Z C K P H E Q
Y C J B V T X H M F D O G C M O Z S C M
```

MÊME	CONDUCTEUR
AUGMENTER	GÉNÉROSITÉ
INTERAGIR	CHAQUE
POURRI	OFFRIR
VERT	ÉCHOUER
ÉLÉMENTAIRE	FAMILLE
DÉLICAT	SALE
SEPTIÈME	FINAL
GROUPE	OBSERVATION
INDÉPENDANCE	ASSIS

Puzzle 27

```
L N W B E F L O P P O R T U N I T É Y L
G L T U T A Y E A C D Z Q A R L O A C I
T T Y Y K V N B N I A R B G H H I W J Z
D O V X S Y N M X G U V K M E C D D F M
I A U Y G R M Q E J B W S H V C P P W G
K A D R A N A C A L X Y H G S X I N M Y
D C É B É B V O I A X D L C T D R L E A
O M T N E M E L L E U T I B A H E Z X I
X I R N W S R F M I X C A Z L T S R P D
X C E T E P I M G R U P Z C Y X G H L I
M X B S T M R S P O E X A M I N E R I R
Q E I B K X E J R G F A X S R J R C Q E
G I L V H Y A T T É N H I U U H I F U C
P Q C I G S A D C T B S B I S D R A E T
P O R E B R O S B A O B J G O E C R R I
B E U U Q T S Z B C X I V G Q Q É M D V
C P E X X R Z Q F B N E H Y G X E E Y E
T G L P O L I T I Q U E K N S B N M L S
```

BÉBÉ	LIBERTÉ
POLITIQUE	PIRE
DIRECTIVES	EXAMINER
ABSORBER	CANARD
VIEUX	CHAT
ÉCRIRE	LEUR
OPPORTUNITÉ	CATÉGORIE
EXACTEMENT	HABITUELLEMENT
TOUR	ARME
RIRE	EXPLIQUER

Puzzle 28

```
R X L T A B D P S S N O L O C T N P X Q
B U H S M A A R R U T A N C Y U C O L N
H Z R A C G T É N Y C U M A L A D I E A
É R E K P P R C C N V C P C U S Z Y B T
S E N I M A T I V J K K È I M D U N Z U
I X M S U W O S V K I H M S D I B H Q R
T L C J K P C I R H I W A L A E P R S E
E V G J D E E O N M D C N X W G Y A S L
R M L Q X T S N O E E U Q I F I C É P S
A P R È S M I D I N M Y U I D T F K I P
Q G T G X D O C T C A R E C X E W D D J
F M E Q C Z U H P O S E R È I S S O R G
L U D W Y T N A E R E R A P M O C B C Q
C R A P A U D N C E Y É T W W L Q A D Z
B X D K N M A G X P O G P D Q O O L I I
U F M Q K Y J E E B Z G H G D H H L X O
J F P E V K X R I C G U K E K M C E K L
N B F E M P C N C L G S F X I H R O G J
```

COLONS	CRAPAUD
PRÉCISION	STUPIDE
CHANGER	SPÉCIFIQUE
HÉSITER	MANQUER
SUCCÈS	COMPARER
VITAMINES	BALLE
NATUREL	APRÈS-MIDI
SAMEDI	GROSSIÈRES
EXCEPTION	MALADIE
ENCORE	SUGGÉRER

Puzzle 29

```
E R B È Z S H Z G P I L X C U M Q Z H B
N X W P S B L J S X X T Q O E R N F B O
I J T U I Y V M O Z Z B L L F J C A R C
B F N E K A M A F T V K F O Q L Q Y S T
A X G I R E T T I U Q E Z N D C A C E B
C M I H D N S O R P M P H N I V A B J P
P D L G Y N E I C T L L V E S D V R Z E
H W L O W M C W O A Y A R X C I T V W P
L K Z P V F N D G N H C V V U V T U P A
M A P R U D E N T C N D I Q S I V T D J
A B P P S X T P I K W R L Q S S Z G H U
I A O I L R O X K P Y V L T I I S H D S
S L O J N Q V E B W G X E A O O C H Y T
O V V R P L W A V I D E M N N N O N B E
N M T K D E G V Z D I S P O N I B L E R
Q M W W N B M I N T E L L I G E N T E X
K B C O I C H A U S S E T T E S P R O C
J Z P U H F I W U S A U C I S S E S Q W
```

DISCUSSION	QUITTER
ZÈBRE	CABINE
MAISON	EXTERNE
DIVISION	SAUCISSES
AVIDE	NID
AJUSTER	INTELLIGENTE
VILLE	LAPIN
CORPS	DISPONIBLE
CHAUSSETTES	COLONNE
VOTE	PRUDENT

Puzzle 30

```
C N E R D K C G I Z D S M V E T Z D M U
O X B F W E J B S E G S A A M V Q O L T
N I F N E R I V I È R E M A D A L D O K
V D N M Y I E E A P O L V D C V L F M G
E C I L O P G H I M Q F Z H C S X Z P Y
N I A M E D A D C W W F J K I A B R K D
A X R S E U V M W Ê B U O F E X V N P H
B P T R Z D U L V I P B S T A N D A R D
L E K I P Y A S F X S M S M S T U D V W
E R F C O Y S V M P W V E V S D P H O K
H C W H F T G O B L I G E A M M E N T V
E E F E N G C U K J K D R R T C K E N Q
I N C O M M E R C E T O T D Z B I K E E
B E K W P K P B B J K O K V M L K P R L
X I O M A C G W A R B B B F L Y R Q I U Z
O G N H C R B B U B X Y C H T J P K S W
S E A H P S K X Z Z D Y P T F D M W S B
E U F U R I E U S E S W K Z I F Y B A P
```

RIVIÈRE	MAL
COMMERCE	RICHE
BUFFLE	ENFIN
PERCE-NEIGE	ZOO
STANDARD	SAUVAGE
DEMAIN	CONVENABLE
POLICE	ASSURENT
OBLIGEAMMENT	DAME
FOU	TRAIN
EMPÊCHER	FURIEUSES

Puzzle 31

```
C R W D W W D I L L U S T R E R K X N X
O A Y É B P Y É I Z Z C P F A H N R Q U
N N V S M H P M V G I G A N T E S Q U E
N G E E R G F I Z E R U T C U R T S A X
U É U S K G D A R F L E I R É T A M V B
S E H P G R G A H L H O B T U O J U A I
L U Q É X F R C A E X P P Y T G U J I B
Z L F R O W Ê L O H Z G A P Q N N L T L
N U Q É I M L T F G X F E D E U C J N I
K F X I P O E F R X G E U J X M O P M O
L C D C Y I Q T P E I J S I T E E P T T
P K P F W Y O Y K O G P K X Z R O N Q H
I A G K M X H O L G I W Z P M Z E Q T È
H D Z H P D O E O C A N I H I S D R R Q
S T N E D K E J I D N H T R K S S Y O U
U O T Q G H R N P J T W R F X V H F F E
E Y L E V X B R É G I O N V V H E Q F R
P O B S E R V E R E C A L P É D E L E W
```

AVAIT	MATÉRIEL
STRUCTURE	AIMÉ
CONNU	ILLUSTRER
RANGÉE	SOL
OBSERVER	DÉPLACER
EFFORT	DÉVELOPPEMENT
POINT	GRÊLE
GIGANTESQUE	DENTS
RÉGION	DÉSESPÉRÉ
ELFE	BIBLIOTHÈQUE

Puzzle 32

```
L Q S J Q O B E N È R A T R X Z K P X K
C N E E C K Q S O M E R C E T B F R J T
M B X L W D N T I D N K E U I B K O K K
X B Z C O J H O S K G X É C P A T F W Z
Z P M A W N C M S Z I V P G O B W E W T
T A B L I E R A E Z E H U E C R U S R A
Ê S L B C I L C R U S K O F R Z D S V W
R K Q E L R F L P W N B P N I L B E U Y
P L U M I È R E E G E R V U A P R U P H
C S N G B W G O S N R J F M W H W R L E
L G P O C I B G R J D P R Q D W C V C Y
O G I Q I U X X U R N N W B L D E J H S
L T U L Z S Z K O M E Z R G O X K N A O
C Â G E N R E Q C X T S P D O D L S T U
R L C V F F X M M G É J B R V G P V O T
V Q Q H O I Z G Z T D K N K O G F R N I
A H B O E P H U U U C Q A L L V R D U E
H X M X J R E V L U K B X A E J Q O F N
```

GENRE
SOUTIEN
LÂCHE
POUPÉE
ARÈNE
LUMIÈRE
TABLIER
COURSE
PRESSION
PAUVRE

PROFESSEUR
RIEN
CET
CHATON
ELLE
RECORD
PRÊT
ENSEIGNER
ESTOMAC
DÉTENDRE

Puzzle 33

```
C O C H O N U U P A Z Y B G B H S D N S
E R K C D L N C T U D R O N Z C S C L C
L E S T I M A T I O N U E C Z N W H D É
Â O F G I N G E M B R E L C O T J A X Ñ
M A J O R I T É V V E R I T P O U M M A
D G X V E H A Y V D L È U W E U R P L R
A Y Z V I S X U O U L I Y H N T Y I L I
P P I R W E N I Q I L E N G Q S G E O
W E D H C W T N Z R A U N G D S F N Y H
O Q F P V H G E Y L T G Z Y M G G O N S
I C N B P J Q R K U A É L X B B M N D Z
J I Q S X A A B W X B R P F S I X H S K
Z O V Q A R U S S I T R X Y X Y U U J J
F X Z V Z G C V Y P Q I S G G Q L D Y J
N N S N B N E R R P R O C É D U R E N H
M K T Y F G M N K E R B M O I S M Y E U
U J W O J B L U Z P T H H R W D K I I R
P N W S M A T C B V F É W O I X S S Q C
```

BATAILLER	SCÉNARIO
PAUVRETÉ	CHAMPIGNON
TISSU	NORD
COCHON	ADULTE
OMBRE	SAGE
GINGEMBRE	MAJORITÉ
PROCÉDURE	ENNUYÉ
TOUT	ESTIMATION
IRRÉGULIÈRE	MÂLE
CRIER	JURY

Puzzle 34

```
U G P J M I S È R E A M O N S T R E C F
P R P O A G W A E M T T M I A X U L O Y
O E G Z S N W R R L R C T U Q U S L N J
R D L E D U R R É A A A R A M E W O N K
T K J I N P C E L C V P E P Q U O C E C
A R P K Z C W S O V A M F C X U W I X Z
B J Q V R V E T T M I I S C X S E D I R
L B R O S S E A N M L E N A D E N J O P
E V J P Y B F T E N D C A Y D O H R N U
P V W A U N R I I U Q M R X C Y Q M G L
N F H O H J Y O V D P C T C Ô T É S S O
W I O P U K L N E H O A H N P C E P Z M
D D P M Q S R B D B R K Y F H L X W R V
D X H Y I I N E E Y T Y X S D C Z H X A
U A N F X E R M N J F D V J Q X H B S L
S O V V B I M U T D Y H F A O D W E P L
F S Q L U Y I B I O I A W B H P J Y E É
L X L J Y I P C Z D H G T S R V Z B C A
```

MONSTRE	CONNEXION
MISÈRE	TRAVAIL
COLLE	RIDES
PORTABLE	ALLÉ
BROSSE	ATTAQUE
PAYS	CALME
URGENCE	CÔTÉS
TROP	DEVIENT
TRANSFERT	TOLÉRER
IMPACT	ARRESTATION

Puzzle 35

```
O D X C G N C M T F E N S C V T A X P F
F Y I P Q R Z G T C H R S A J H N Q S I A
R F R F I E C Q K S E L V W T O B I A V
H S D G F L W P I Q Q I O J P I S O N O
M A T I N É U F W Z L P I L C T O E O R
G A G N É D R L I M T B R A A A N U S A
J T D I S U I E E U Q S A M P R C Q X B
Q R Z J D K O R N V T Z C J I T V C V L
Q X R G O A V È H C S E R È T S Y M I E
P V O P F S Q T X D E H M H A I Y N E H
R E X N Z B L S A T J C M Q L N S E S L
T R V L B D U Y V H B N C U R I N N S H
S S E V O K S M J R F A D Z O M F C Y M
N I E D H A G V T M J M W L F D J Y M A
C O U L W Q A A M T W I A U G A C Z D H
D N J J K G L J C C A D W Y M V E N N D
H M P X D D V G J U Y F H W H X F P C Q
A C H E T E R V I C U N A E N H A V H S
```

MYSTÈRE	VOIR
VERSION	PIANO
FAVORABLE	DIMANCHE
GAGNÉ	PILULE
CHOSES	MASQUE
DIFFÉRENCE	QUE
VIES	ADMINISTRATION
KIWI	ACHETER
SAVOIR	MATIN
MYSTÈRES	CAPITAL

Puzzle 36

```
I Z F U H B K I A D U C S N T L F G K J
L M S O M D I W J M G R A N D B O I I B
H U A E R U B F D L T F V S A Z T O F W
M A C G G J H X O L S Q Y F A V Y P M T
R G O I I U M F N S S O T P D Z X M Z I
Z A E T T N K U V A V X B K H U B O Q Y
R H T E U E E L Î V X Z B V F D A J Z G
N T M N U Y T R A R E S V R E M L V P J
Y U R P V G R Z X W L S Z U R N C B F E
N U A B C E A T H C Z B J D S M O G L G
W E E O I R C S U B S T I T U T N R I N
M D T T N E T P E C R E T N I P X M P H
R I É J B R H Q A S U N G U B M K L P M
V U L E Q B R E C U E I L L I R I E E T
E L È Y M M T Y R É G L É M Z T M T R C
N F V O M O C O M B I N A I S O N R E G
H Z E L P S I A L G N A A B L A Y O R R
N S U L S Q J N X E W I W W T N U M X L
```

INTERCEPTENT	NET
RECUEILLIR	COMBINAISON
MORTEL	ROYAL
SOMBRE	BALCON
ANGLAIS	GRAND
IMAGINER	CARTE
FLUIDE	IMITER
ÎLE	FLIPPER
SUBSTITUT	RÉGLÉ
BUREAU	ÉLÈVE

Puzzle 37

```
M O U V E M E N T W R K Q M E U R B G N
S S E R P X E V O P U R K O F S R B Y A
I I K Y H E A M L F Z Y F I V I G X Z V
D G X T M A N G E R E P P O L E V É D I
S E Z I W D O I R T X E O C N U N I N R
H L S I È H D H I M E D M C F H P I G E
Z J D C Q M F L O X J Y M G I K Z L K D
I Q W L E L E V T P A I R E N N U S Z M
R Z P K N N U V S Z B U O A M Y X B W D
J B A A I X D A I Z V F W E A L L P E E
O M H Z L R K E H L X Q O I R S Z J F O
R E S Y L I B P N K R O Y U I P P I I Z
V T I O P E Y J P T P K H L É E R D A G
N P U B H W G S G L S O T D L U Q I B H
P M Y Q I U Z M F I I W X U D R T O L H
L F V B C È P E I G N E L O I C U L E P
B C D W Q F R G D Z C Z V E F Q S Q H B
O X W I Q X U E N N O V A S O V E V A L
```

MANGER	ILS
DESCENDENT	LUCIOLE
MOUVEMENT	SAVONNEUX
BIÈRE	LOT
HISTOIRE	DÉVELOPPER
FIABLE	MARIÉ
EXPRESS	SIXIÈME
PEUR	NAVIRE
FIN	DEMI
PEIGNE	PAIRE

Puzzle 38

```
S D C N I W Y I P L A U V V Q N I C A K
J T J O F T R G X E D W A P K U X U V P
O I A I L N T A L Z M C B H V M T I U G
L R K T X O M R S A E L L I F É C O R X
I P A A I H Y D D F T O N R K R I O S C
C S S T D O Y E B K T V O T Y A J C J A
J E D R Y L N R D A R X M F N T U S B T
P R D O U C H E S D E B B Y W E T E I F
R I N P G E Y N C X B T R M H U I X Q E
A U R X R T R A I T E R E C B R O T T F
I R J E R O J I I G U Z U A M I F R A D
L T K F E Y N M V H S Z X D O L S C Y P
A É G U F O K D D X H W W R Q F V C C G
D D C F N C S Q M X B Y X E Q K C Y Q G
I T S S D U O G E N I O H Z F T P S K J
M P H O N O R A B L E M E N T E G K T W
D L F H W T Y A Z N J K O A H L R G O C
E J T Z R A S R O D R B I Y V Z J I Z H
```

COYOTE	FILLE
ESPRIT	TEL
PATIENT	NOMBREUX
DÉTRUIRE	DOUCHE
TRAITER	GARDER
ROND	EXPORTATION
STATION	JOLI
HONORABLEMENT	NUMÉRATEUR
CINQ	ADMETTRE
CADRE	SOIR

Puzzle 39

```
T  I  E  A  Z  F  R  D  X  J  S  D  T  W  M  P  I  R  Γ  V
E  R  T  Ê  T  U  E  P  R  T  B  R  W  P  Q  J  I  H  H  Z
I  U  O  T  M  V  T  X  Q  X  W  Y  Z  F  G  M  F  È  N  N
U  O  W  P  G  Z  I  I  R  S  V  U  B  W  M  W  W  T  C  R
Q  P  P  O  I  K  V  P  X  V  Y  Q  F  I  V  F  O  A  M  E
N  T  A  G  P  C  É  L  G  W  D  J  S  J  K  Z  P  P  G  U
I  X  P  S  T  B  A  D  B  Z  J  P  P  I  R  H  X  I  H  Q
O  K  I  T  U  E  Z  L  P  F  Q  Q  P  S  N  V  A  S  F  I
Y  F  L  R  S  N  U  P  E  R  U  R  I  H  C  É  D  U  C  L
N  N  L  S  E  G  N  A  R  T  É  J  Q  Z  D  P  P  F  B  P
E  Y  O  Q  F  L  I  N  I  H  H  N  D  L  N  I  L  N  O  P
K  J  N  L  P  E  V  G  U  R  E  I  T  S  O  P  Y  Q  R  A
G  R  Q  Z  F  M  E  E  L  B  A  L  B  M  E  S  S  I  D  A
A  M  M  R  C  P  R  U  E  I  S  N  O  M  T  U  K  L  A  M
J  O  E  C  V  B  S  P  S  T  D  Z  A  A  G  G  I  Y  Y  T
V  A  S  T  E  Q  I  H  H  Q  K  N  V  C  Z  W  M  U  Q  R
F  T  U  M  G  D  T  C  P  U  S  A  V  O  N  X  P  T  W  B
M  F  K  T  Q  V  É  A  T  D  S  V  Z  B  I  C  Y  P  U  D
```

APPLIQUER	POUR
POSTIER	VASTE
MONSIEUR	SEL
-PEUTÊTRE	ANGE
SAVON	ÉTRANGES
DISSEMBLABLE	UNIVERSITÉ
PIÈCE	ÉVITER
TAPIS	DÉCHIRURE
PAPILLON	TROPICALE
CANARI	INQUIET

Puzzle 40

```
I  S  P  L  N  N  S  C  E  I  R  H  X  S  I  D  D  B  M  D
F  Z  O  E  T  D  P  L  P  R  V  B  G  Q  M  R  E  R  L  R
V  T  U  U  H  F  T  U  S  F  T  E  O  P  S  J  R  É  D  A
A  P  Y  N  D  V  A  P  E  U  R  B  E  A  I  Q  N  A  X  P
Z  W  R  A  Q  E  L  B  A  T  R  O  F  N  O  C  I  L  W  E
S  O  M  M  E  T  R  B  L  A  N  C  N  O  V  Z  È  I  W  A
D  R  Ô  L  E  T  B  V  Y  C  N  V  W  I  S  K  R  S  S  U
G  O  J  L  R  E  W  A  È  Z  A  L  Y  L  F  B  E  E  A  N
Q  H  U  K  U  H  E  J  F  L  X  N  D  B  I  F  S  R  I  J
O  S  Q  K  T  C  Q  E  S  G  R  X  A  L  Z  C  F  A  G  Z
X  G  S  Q  Ô  R  M  H  J  P  G  O  I  P  M  H  R  V  N  H
F  G  D  B  L  U  I  H  I  A  I  B  J  H  É  È  Y  J  E  J
L  Z  I  G  C  O  A  W  J  S  T  B  E  D  J  V  W  H  M  R
A  K  K  S  F  F  V  D  S  R  O  F  P  K  O  R  C  Z  E  K
F  X  D  I  D  L  U  K  V  N  J  A  È  D  D  E  Y  E  N  A
J  I  W  O  Q  D  P  W  Q  O  L  R  R  Y  D  Q  C  U  T  Y
M  T  Y  N  P  Q  Z  W  R  M  D  P  E  N  Q  A  J  F  T  C
C  O  M  P  L  È  T  E  U  Q  I  T  A  M  O  T  U  A  W  O
```

CLÔTURE	SOMMET
SAIGNEMENT	CANAPÉ
LÈVRE	DRAPEAU
CHÈVRE	BLANC
FOURCHETTE	DRÔLE
RÉALISER	LION
MANUEL	COMPLÈTE
PÈRE	SOUDE
DERNIÈRES	AUTOMATIQUE
CONFORTABLE	VAPEUR

Puzzle 41

```
J Z E Z R I S C O M P L È T E M E N T B
F J G Q N G O H H A W A Y W M I H W Y T
R X C W L Y I F H S G P I I S A Q M K Q
M Y O S U E T H R H T D E B R I B Y Q E
R E C O M M A N D E R A D N U R I Z B R
C R S N I X G U Z X R J D Z F Z D Y P U
A È R C C F X M Z G T K L E J X V V Q O
T P R C M T I M J B A M B I T I O N W E
A D D A Z B S O R O R E M B O B I N E R
S N A F Y A A C G I B O N B O N S W V D
T A U S H O N U Q S A V O J Q H A M V É
R R E X E M P L E L H F N Y B W A F A F
O G S L E Y V Œ U K S V I O T M U W B E
P N C F L R C J U E M P R U N T E R Z N
H S C O S A X U X F M O N T A G N E S D
E S B N U J M B A T S Z Y M S S I I R R
N A T A T I O N M I E N L E K Z R M P E
N Y I D E R N I È R E M E N T L L W G C
```

MONTAGNES	COMPLÈTEMENT
MIEN	REMBOBINER
BOIS	STADE
NATATION	RECOMMANDER
EMPRUNTER	ŒUFS
COMMUN	EXEMPLE
DERNIÈREMENT	MIGNON
AMBITION	BONBONS
CATASTROPHE	SOIT
GRAND-PÈRE	DÉFENDRE

Puzzle 42

```
Y A Y C R O E V C A Y C T F C P A G E H
F I E O A T A M L U T O T I T R E I L A
É R K U V B R O H D B N E K A P I W C U
Y C F P I Z D T C E Z S F T D R O Y È T
Y Z R F R Q B R C S I T Q P I U R U I E
D W Z I H A T Y H Q J R C R D E X U S U
F H Y R V T W J E P T U L O N T D Q O R
G C S E C A N E M H X I A F A T K N I P
X Q O H L F I S I U P R R I C O C E U D
G G C F B T R N N H Z E I T W L E I C O
N D W U H Z D I É L I L F T G F Q A M M
R S O M M W O B E B Z P I Q R L Q D P O
D É F I Z U H I I X V Z E X V E U T V C
H É L I C O P T È R E R N U M F V M T P
C Q P U T H J M X U E V T R Q F F I D I
V T M O B T H F W Y W Z L R W Z X D D S
O P P M N A B P Y D L M P I X Q Z C N P
W M N K L P X J N Z S T C M P S F H Z N
```

HAUTEUR	DIVERTIR
CHEMINÉE	MOT
SIÈCLE	PUIS
TITRE	COUP
POURRAIT	CANDIDAT
HÉLICOPTÈRE	FLOTTEUR
ÉCRIVAIN	CLARIFIENT
MENACE	CONSTRUIRE
PAGE	DÉFI
AIR	PROFIT

Puzzle 43

```
O K Q R P E R S O N N A L I S É B M O T
I K I E A D E L È D O M A P J Q C Q G A
S E S M Z P U F W P O A N L D O U T I L
Y G D A Z Z O D H C N F V W M A Ï S L P
Q K I R H E C N E L O I V B J D U F Y A
O A K Q C X E H A V I T E S S E T J G H
L K M U Y Q S G P V W Q M Z A R S D J D
D W E E M K Q N S H E D K Z S I F E G L
M P N E F A J Q V U G T E T Y O Z W X A
Z U T D É M O C R A T I Q U E B K H Y Q
T F I T C E J B O S C V F G W R L G O N
C Y R M A U V A I S E C T G R Q J I Y J
E O E E B R G J E N G A G E M E N T V E
O Z P K U M Y O K O X O S N K L T Y W W
B E U P I C G L U T R R F E L B K J Z D
O S C E F V A D S V P L Y S V D V J I R
P F C S Z S E V W T J T D R D A L P K E
R V O I L P L V É T I A R T I U Y W B J
```

BOIRE	PAR
SECOUER	PERSONNALISÉ
MAÏS	DÉMOCRATIQUE
MAUVAIS	TOMBÉ
VIOLENCE	OBJECTIF
VITESSE	REMARQUE
ÉVACUER	OCCUPER
PLAT	ENGAGEMENT
MODÈLE	MENTIR
TRAITÉ	NAVET

Puzzle 44

```
M U Q G N P A B S P C X K R Q T R Q V O
N O I S I V F L E Ç O N M É T U E C A C
N N E I C I N A C É M L L U D U S U K W
U O É L F S H R X Z E R W S D U P Y N V
B I R A L L I C Y G N E S S D E O U S R
Q T U D A E E O X Y V S O I B Q N L A J
D A D R F D U A E B H B L E Y Z S F D A
Q L K C J É T X S L G R D A N A A Q N W
V U Q U X P N N H Y C X A W K B B B R H Q
X G W S T E I Y S K S Z T Z N E I U P J
L É J P X N O L E Z S T I A T É L P U K
R R H A R D P C G N D G È I L B I V I V
H T I G O E W H M I N Z I M Y R T O G M
B Y R V N N F K S L B E I T E W É G V J
N N D N I T E R M U B Y M C O M P T E C
F I S S L R W U H O T A T I B A H M K A
V Q X A G X V A A M Q Q U K S O B Y I J
M P X K Z C A J X B Z M O W D N H X K D
```

MOELLEUX
BEAU
DURÉE
SYSTÈME
RESPONSABILITÉ
LEÇON
RÉGULATION
RÉUSSIE
HABITAT
VISION

ÉTAIT
POINTU
COMPTE
MÉCANICIEN
CYGNE
ENNEMIS
SOLDAT
DÉPENDENT
LYNX
MOULIN

Puzzle 45

```
D B C J T S Y R O P G C D N P Y U L V N
D J P H N K L E N A R A O U P R N I X H
W I L Q R B S N C R O P N N I W H S M Q
G S E Q S T O C J T G L Z U C N T Q P J
E H C A V A U O Z I N M C R H O A U P I
X B M A E B R N W E E B O B H L M A T F
C N D U N L I T D R M J Y T I E R B F F
I Y L I S E S R Z C E B S I E S C N R G
T H B R K T K E E N N G O L R U I O E E
É L R A P U L N I I T R U F T O R N C U
V W S I R N D T K A K Q D I T V E U J E
C M N X L I L K D V Z D K A E C T P T O
M O M H X M G U X N Q Y H Z M U A Y J N
F H U W E X T B K O S W P Y U R A R V X
P V S R N M Y S P C H N E K O J Z E B N
X M T O T B O U T E I L L E S Q S L W E
J E Z Y Y E P E X K C Q A T I D P P G W
A J X K W E D F C I Y D G Q H P N P I P
```

CONCOMBRE	VACHE
BOUTEILLE	MOTEUR
MINUTE	PARTIE
PARLÉ	CERF
SELON	SOURIS
TABLE	LIT
BRUN	EXCITÉ
RENCONTRENT	CONVAINCRE
COURTE	GROGNEMENT
VOUS	SOUMETTRE

Puzzle 46

```
H F K A G J F K P K F W G C D R C A R T
I A P R É O C C U P A T I O N T B E U A
U H R É C H E L L E T T E S S U A H C S
T L S I D A Z F E O L R B F N P N N S S
T L G A C O Q P M F M H N L X F W V Y E
R O N M F O E A L K G Q L O A Y E S G N
L A I A E V T I G Y N S S T Q F U G G V
B Z H N I B A N X E X E O C U F J U V M
R X N T C R E S S O N O I T P E C N O C
E H H R S R E T S I R T M A G U U R I R
P G F X S G A L G Q I U Z P Y O G L Y T
O C J I H R A W E V I S S E R G O R P P
R K O N X Y D J G C X T C Y D W D F X G
T C Z U M R D T È Y N O I N I P O T U V
E B I A R J N O I T A I C N O N O R P O
R F B D W M J R S F L C T V V P C O V O
L C E S O E L R P D D H H É L U M I S O
P A R A G R A P H E T S J Y U Z I L X L
```

REPORTER	CHAUSSETTE
OPINION	CAR
ÉCHELLE	SIMULÉ
ÉTINCELER	CRESSON
PRÉOCCUPATION	MAI
PROGRESSIVE	CONCEPTION
PAIN	COUR
PRONONCIATION	SIÈGE
PARAGRAPHE	TRISTE
TASSE	HARICOT

Puzzle 47

```
O U Y F U V V P X U S W Y U K Q K N S Z
U Q V X O V Q O I L N É L R C U O E O B
V E Y C O V L P C S V B C E R A A H L O
T Q X S M Z A M N A T E P H T N H K O E
P O U R S U I V R E B X U F É T R X Z U
G I E E N V O Y E R M U L L Y I E G F F
T D R U M R K F L U S A L K B T F A I Q
F A U A Y Z C E B T E U A A V É M P U B
B R T U G F H N I L V U H U I Y R E Y I
B S N T W K E M A U W Q S I A R F T Q H
M M E O L W A B F C K S E Z Z W E I I E
O L V M V N I S A G A M P C N K G T B V
N H A O G A N T E C M X T Q Q A Y S L L
T Z S B V R S U S M E X P É R I E N C E
A W B I Y S É B Z W B G B H Q C P P U Z
G G K L C Y R O N C I L Y Y X T M C H V
N P N E E U E I N Z U F E G W I A Y I W
E Q Z M K P R W D J Y P T R C C D U Y A
```

RADIO	MONTAGNE
CULTURE	SEPT
AVENTUREUX	QUANTITÉ
SEMBLER	FAIBLE
ENVOYER	INSÉRER
AUTOMOBILE	VOCABULAIRE
PETITS	POURSUIVRE
EXPÉRIENCE	SOLO
MAGASIN	SÉCHÉ
FRAIS	OEUF

Puzzle 48

```
T M G R Q K N I S S U W T A C C T T Y V
A E P W E R I Y N N U A G E L É Y É B Z
R M X R X Y O J I T I R F Q O L B L O E
R Ê I T O L T K S D E V Y S C E Z É J I
N M R N E F B O I S G R Q P H R D V K H
Z I P S L Z I I A M F E R N E I E I J R
J U R I L K H T R F D L E O A I R S Z I
O L L A I T Y Z E A M L I L M T I I J I
L A Z D M L M M Z R R A N E V P D O S M
C A L C U L A T R I C E A D H Z R N K P
L D B I R E A Y A S G O P J F Y E E Y L
I N T E N T I O N Y Z J I C R O T V M I
I X G E Q P R A P A L O I É P O N G E Q
H R B U W Y E L T G X P L F X T I E X U
Q H U O F V I G T T K D B P O T E Q G E
X F M J X F V P O S L B U H W L T J I R
G T L F L P F L B Q Q J I W H P Q V Z L
H K P S Q G P V S M N R S U C O R C W F
```

ÉPONGE	PRIX
CLOCHE	LOI
PROFITER	LUI-MÊME
BUIS	INTERDIRE
IMPLIQUER	CALCULATRICE
TEXTE	INTERROMPRE
CÉLERI	RAISINS
PANIER	NUAGE
INTENTION	-ALLER
CROCUS	TÉLÉVISION

Puzzle 49

```
A M X L L P H Z W O G X H C H V W U L M
T C Q U I C C T X J W S Z W O O J A N U
E H C M G O G H J K H R W X M H H D B S
R P C O F B F I E D U A H C M R F T H I
R S A Q R O F M O M B Y Z I E S I R C C
E I H T E D N Q S W I M L N M M U F V A
Q C S Q G R I D K T M S E O È S V B T L
Z W F T N A A E S V C V E N H Z I Y V H
Y J F S A N T W F L N L C D T Y X P B V
O U G N R E R U E L P G A A R W Q S G Q
R K W I T R E D X I L J G T L V Q P F N
T H V P É U C G G B E B L I O G H N P V
G L I S S E R A P É O T D O P T U A G E
P M H I L W Q U D T C A T N O C C I X R
R W L D R H S I B A E W R L G B W C Y B
F O N D R E Z M V I I E U Y V Q O X M E
D K G D Y S I Z Y L M C R E L P Q X F V
U R F D W B I S Q E V Q D K P A M K I H
```

CONTACT	CHAUDE
CERTAIN	CRISE
BÉTAIL	INONDATION
TERRE	PLEURER
MUSICAL	HOMME
THÈME	FONDRE
VERBE	QUI
ACCORD	ÉTRANGER
FONDS	GLISSER
CHEMISE	RENARD

Puzzle 50

```
U B F A L D E R T Î A R A P P A U M L G
L J O N I D S E L C I T R A Q Y E E S T
Q H N N J A P J R G T N E M E N É V É W
A U C I Q H O A X Q N U F H C R H Y J L
C B T V E D I M U H E X L O U R T F Y Y
G L I E T R R B E O M P X I N I G I N N
H H O R T J E E I S E C U O P C L E H T
R V N S Z V T R R G L R F G M E T E C C
U B N A L I Ê I U K P U G N E L F I S B
I O A I D Q R O C C M R S W P Y N D O Z
K E L R B M P M I C I V D E N M R C Y X N
Z D I E R C H É M C S E L L I E T U O B
Y M T S O O E M U K G A T T E I N T F D
X F É L J B L R D C X X V C B L S F S O
E N Q B A B Y L N Y E H K X H B I E T M
P C G K E J E A R Q M V Z C V U B R N W
E J L P X T Z V M A N T W Y S O C M Y C
M S V A H V A C F E O W Q V I P C E M I
```

FONCTION

ATTEINT

ESPOIR

ANNIVERSAIRE

HUILE

HUMIDE

TULIPE

APPARAÎTRE

POUCES

ARTICLES

MÉMOIRE

BOUTEILLES

JAMBE

PRÊTER

ÉVÉNEMENT

SIMPLEMENT

THÉ

OUBLIER

CURIEUX

FONCTIONNALITÉ

Puzzle 51

```
M U X I P O U R Q U O I F F M I E V Z I
X E D N I F W Z K H N T I F T V J C Y F
D W S R G R T E J B O E D O U R D Q B K
W O F U A N I Q U C X F È B J Z V V C A
V P N O R R M V I G R F L Z C J F R Q B
I E O T P E I U P O O E E B M F O Y T M
A P I E G R D A L L O T O Z B M U T E E
G Y T R E T E L E D L I V T E K B G N Y
I K I C X U O T U R K D V I T D C C G R
U B T C J A J V R S C È N E O B C V I Q
H K É S A L I L É W Y E A P Q R J X E L
N V P C V S R U O C R Z J T M M P A W E
D U M I A B Q G C K A Z K P C N M P H X
X Y O W A L X U E I X N A F L V Y X U Y
G Y C I W M W I E J V X I D V D L C X W
G X D E M A N D É T E S C X H C I D O G
I F P C S L G F A P T G X C A Q T F I U
T E M P É R A T U R E E I X C Q W T O V
```

SCÈNE	LILAS
DEMANDÉ	OBJET
TEMPÉRATURE	COURS
COMPÉTITION	FIDÈLE
ANXIEUX	DIT
DONT	PLEURÉ
TIMIDE	CASQUETTE
EFFET	AUTRE
INDEX	POURQUOI
MESURE	RETOUR

Puzzle 52

```
O G U U X F Q V L H G R H P X I K L H K
C P B J L Y Y Z V P E A G C Z F J F D Y
O O Y H R B M Q Z W U U L A N G I S Y P
N O I S S I M R E P Q A R O H U I S J R
S U N V C H R V U C N E Q E P K T M M Y
T J T K W M A O T N A T P S L B S Z J R
R N V X K P N O U S B A É V I D E N T E
U H U M I D I T É E M B P I V G M C M G
C O L C X N K A G R I N U J M G Ê J X É
T G Y C R F V K P T L U C M F J M W Y T
I J Q L O P J N E T L U C B A M X U Y O
O R Z D A M L D G E E T O P U H U U F R
N E A G B Z R Q O L P I Q M X Q E Q C P
M E N T I O N N E R A L U W W V T F M L
H S O W H O I A F P T E I C W G K O O C
L F K W G H E J N X T R P H L W C J T X
L L P A P I E R K U E K J P J B D O E U
V K H T J N U O B L S J N U R Q L X L E
```

OCCUPÉ	ÉVIDENTE
UTILE	ROUE
HUMIDITÉ	MILLE-PATTES
MENTIONNER	CONSTRUCTION
BANQUE	LETTRE
PERMISSION	SIGNAL
MOTEL	BATEAU
GALOP	PROTÉGER
EUX-MÊMES	FAUX
HEURE	PAPIER

Puzzle 53

```
E I F S A U F P R O P R I É T A I R E B
R K U O S L H P M S S F W I U I X E Y B
N P X H R T O G G Q H I K R V Q L M Q Â
R R Y I A M F K B H K U N E L J Z I M T
A N P L T É E R T U O L X V O M V R A I
A H B B W P L L É H C A T T A K S P T M
D R Z Q N J M I L M F L D M S L W É C E
R E V E N I R Z G E E D A R G L Q D H N
I N T É R I E U R I M R E X C U S E S T
H A A W T V J A N W B E G G O B E L I N
E F D A G O F E O C M L N E I S A K Z G
Z N L S B T J M I E H Q E T R K O P O K
V J V P U E L A T N E M A D N O F O I D
I F F P G Q Z H A T T I T U D E O I H L
G H U A I H D C R I C V B W K V Z G R S
Q Y W K Q R C R É I G C V D J P A N F D
G T J N C R H R P N B L U J P P X É J P
K A Q Q R J Z A O A M Z M L V F R E T X
```

REVENIR
ATTITUDE
ATTACHÉ
BÂTIMENT
ÉMERGER
LOUTRE
GOBELIN
FONDAMENTALE
EXCUSES
DÉPRIMER

INTÉRIEUR
PROPRIÉTAIRE
GRADE
SAUF
CHAMEAU
ÉLIGIBLE
OPÉRATION
MATCH
POIGNÉE
FORMELLEMENT

Puzzle 54

```
D C Y Y U K A W K L F B M I M W T O B E
N H O P I Y M E G Q G W P H E É S U M A
L A H G B D R P O V C Y C O R T D I G T
X U E R A C A M V J A Y S Z C F É U Z R
U S A L P D K P N W Y A B A R P M R K O
E S K E I G É T A R T S O Y E S O D N N
I U J W T Y K X J K N S P I D I N É L C
V R N B L R E R A P É R U B I S T C B M
U E E E F O A U C D N S H B R D R H Y P
L D I O R F K M U H S L C N S F E E G A
P F G A G Q S P Z E Q S I C T T R T M Z
G T E V É H I C U L E K S Q S N A G P Z
V E U L E N T Y O E O J A Y E A W N F E
A O V N V D I N N F G B I A U I T E C J
D M Q I Y K H R E K P D R O M F W O L E
K K F P O H F T J S T A X E Q N N J Q V
P B J P W C D O V Q T T J W Q O U L L I
I T D N X I C E A P B Q A Z I C B N C G
```

TRONC	CONFIANT
DÉCHET	BOL
DÉMONTRER	MERCREDI
PLUVIEUX	RÉPARER
STRATÉGIE	NEIGE
VEULENT	MUR
TAXE	VÉHICULE
MARTEAU	FROID
CHAUSSURE	SUBSTANCE
MACAREUX	MUSÉE

Puzzle 55

```
A O M O T D R C H I I E S B W C X S E T
A M B P B E É L A W P Q Y Y M O N C S U
T B I H M W U V A M E S R U A L Q W G J
E I V C G X N L T X P P V Z T L R D Q Y
R U E T A N I D R O D A F I U I U G L Y
È I M I R L O O T H U P G G R N H S X A
I N H A A X N X N K K U Z N E E D N I D
T S T F P I H R E C B C I V O E X O B P
N P Y R P J G X S X L Z J W N L F Ç Y Z
O I R A O O Q R S D R E V U O R P A V W
R R E P R R Y P I H I H Q P V N H L S X
F E T P T T J T N A X C B A D Y O G O W
P R R B J T B J U Y N U Y M Z M H A P H
B L O B D Q P E P P V O M A N Q U E Q T
C U P T T K A L T O G M C L X T K Q G K
G S P X M T B M M K G Z X T Y L Q W S F
T O A L W G A B Z Z D J F Z Y F O X W P
B S G X Q F U R M E A H X S L N V U W Q
```

PUNISSENT	PARFAIT
MATURE	CAMPAGNOL
RYTHME	ONCLE
APPORTER	RÉUNION
COLLINE	VIE
RAPPORT	INSPIRER
MANQUE	GLAÇONS
PROUVER	FRONTIÈRE
ORDINATEUR	MOUCHE
DINDE	AMICAL

Puzzle 56

```
O P C O N T E N T D P M Z Z Q L F S L A
U O I C R U B E N L O F H A R R Ê T É R
V R B R A I U A H R U E N I M Z O Y L T
R L Y O K A T Z G V S M U G U S N K H I
I A B W B A J V C P S M O M L R Z J L C
E C V Q U Z P T S F I T A G É N Q V X L
R I R I Y K B W I D É Q A Z L Y O P P E
V D Z X O M M U E N R E R O L P X E L L
V É D X A N R O V O E E J F G C S M C C
W M S O Q V U F I V U R I R A X N O O R
C F J T U U E E I C X U N L L Y G N N E
S L P U L P L C F S L T W A I S D T T C
K H H D Z M F M O H B I R R E M C R R U
P B X A F L U T I Y T R T É B F A É I K
S U R I R P O K N W E R D N A U Q F B D
A Y K Y R T H K S R A U D É U L R H U K
B I N K X H C C V M J O J G N M J B E E
S W E N I K H A J I O N J O A G Q K R F
```

CONTENT	ARRÊTÉ
QUAND	TUBE
ARTICLE	NÉGATIF
AVION	FAMILIER
NOURRITURE	EXPLORER
CONTRIBUER	MINEUR
CHOU-FLEUR	MÉDICAL
OUVRIER	AVEC
POUSSIÉREUX	MONTRÉ
GÉNÉRAL	CERCLE

Puzzle 57

```
Q C A W T M H C G Y C O C K T A I L J P
D H T A S I O S Z G D P K O U R T E V H
X E D U T I B A H H D S P V B E R I A F
S R C J W Q Q D S C V Y A S I I A G V J
G E V E R È I F L A I S S E R P P O E S
B Q H Y R A D C E Z U Q Z N I M R L I P
Y S B A J C I K O M P P T I C O Y O C X
X N É D I V O U Q N I Q M M B P X N Y P
Z T I E Z G T R A Z D F K R N D M H B I
P A S F O B U C B X D U F E R J S C D W
V C T D Q D L I P C C Z I H X M J E K H
A V E N I R P A L A L J S R K O X T R K
R A P P O R T E R L A U A R E H B O S A
T Y R L P C C M C E E N I Z A G A M P N
T X C I R S N C S E H F O Y T K V B L R
V Y Q K O Q J P W H C P X S E I N N E P
M S C X G W X I P J Â A P H O T S S E G
A A K J Q W J J M Y T C W G N V S N W W
```

FAIRE	CHER
COCKTAIL	RAPPORTER
HERMINE	POMPIER
PARTI	IDIOT
VIDÉ	SON
LAISSER	PENNIES
MAGAZINE	CONDUIRE
AIGUILLE	AVENIR
HABITUDE	TÂCHE
FIÈRE	TECHNOLOGIE

Puzzle 58

```
C E P X L J C S Q P S L T B Q L J E W Q
U D P X H A F X U A E S I O K V F U E D
G J W L W S B F L R S R Q W I V I W V L
K R H S G N H I W D U G Z G M V V N V H
M R T A M M U K J O A M Y B Y E I W E N
A U K N W O D J E N C O V V G E S E N V
I B J Q C V V Y X N W J T P T F I J U S
I J L G S K É S S E R P A K E Y T O K V
G N N O I T C A É R N Y Q E R R E U G Y
E D Q E I C S B W E V I F K M F W M P Z
N F J U U Y E D M L V H E E Y L K I R
T K C S I Z Z H Y R T E L C C E S S E R
I M M M W É E A A E V X K N A L T F P X
L T N M I G T W R F K F K E D M S F W F
S O U H A I T U Q G A L Y U C E N T I M
V I C T I M E S D G H O U Q X Q N X G R
X D C F U M K Y O E U N B É H L A I V Y
S T E S H H K B G F N G I S G E N Z T G
```

PARDONNER	SOUHAIT
INQUIÉTUDE	SÉQUENCE
PRESSÉ	VISITE
VENU	GENTIL
GUERRE	CESSER
TERME	FERMER
RÉACTION	LONG
MACHINE	OISEAUX
VICTIME	BAS
CENT	CAUSE

Puzzle 59

```
P O U R R I T U R E M B E U R R E X T M
Z U C A G W N P E N O J L T O H T U A I
W A R I E Q A V N U M K A A G I Q N I L
F R S S S P L P R L E T A B O U R E T L
P S Y E I H L M U Z N N I O U B D Y H I
P B D E A Y I D O H T E M S Y N U Q I O
H E U R A V R S T D C R B O S F R M W N
G Y D F J I B Y G B R A U P H C Z Z V M
V Q E R D R E P A K A P B I G D M Z O H
S L L V Q M Z J K H K A C D G F K A C B
T X U E R U E H F K D B L M G X V D F L
H M C É L I B A T A I R E J C E M M N Z
L C S N T F Z I X U C W O C K X V B H K
J E U F B N O I T A C I L B U P O H C Y
T P N T E B A S E R V I R Y O O B H D W
V L I E I D S S H C B J R H U T C I H Y
W V M H Ô P I T A L L H F S D Q A X O V
V O Y K P X Z X Y W A A X K Y L K I V G
```

TABOURET
PUBLICATION
FREESIA
MINUSCULE
BORD
MOMENT
SANTÉ
HÔPITAL
PEAU
MILLION

HEUREUX
CÉLIBATAIRE
PERDRE
BEURRE
TOURNER
PARENT
LUNE
SERVIR
POURRITURE
BRILLANT

Puzzle 60

```
D B P U L D N X K D L R V P V Z R Y R Q
F L O L O W S R E H M A L É L A N V E A
Y Y R X A S S K O R Q U M E Y T R I S W
L I E U E I F D L E T I U D O R P N T F
C L I E N T N Q P H P U B L I C P G A N
Z M F V E R S E X C N N E K D D D Q T U M
L J I E M Z C F S O G J R F W L L E R G
R X D A A N N W H R J W I K K Z F J A V
W A O N F Q J O L C H H O R S D I U N Z
J F M A S C N G F C Q N L X P H J S T C
P Y U N N U H J G A E F L C I S O L É X
V K P A I U É J N H A Q I C O R B E A U
S I L S P I L O T E Z Q U G M H B B F I
R I X E J B U Q C B M Z O Q K U A E C G
U B C Y G L O C V Q C T B W E B R M S G
K Q A L R X C P F J V O V F H F U G D G
T C M C O L N J F H Y Y Y C T T M F J K
E J A C H G U X L R J U O F Z E Y O L Z
```

ACCROCHER
PRODUIT
BOUILLOIRE
VERS
FEUTRE
BOXE
VINGT
ANANAS
COULÉ
CORBEAU

CLIENT
SUJET
PUBLIC
PLAINES
ÉLAN
ISOLÉ
LIEU
MODIFIER
RESTAURANT
PILOTE

Puzzle 61

```
B K W W T S R X U Y B Z U Q D K F R C E
L I L F K Z O É A H G F U G Q K C A M B
F A B R I C A T I O N Y C J Z R M P I M
Z F E N C N A I F K U Q F M W E S P K Q
O D U J J N R L J G Z U M R Z W X E A J
V T E S U B F I Q M H P C X R P A L X F
S P V R W T H C A E S S E M O R P E K Y
D R I A O W V A X U Q A M W I T C R D T
N B J U E F U F E Q B D B X Q B L R F K
O N E T X L L T Q I H N U L Y A O G C U
T Y O E U G N A L D C A W Y E L U C P M
Â A Z U C Y G B M U O P R I L R L H S T
B E R R A L O C W L R G H L L I V T Y Z
J X Y I C B U H Y L R O K M E H I È U J
G A A F F P R U N E E H S U N A U B I F
N C O H V P W I B F C E Y X N V C J O L
W T C H A C U N A M T W D J A N O D T T
P F B D A D F H T P N O I T C E R I D M
```

RAPPELER	CANNELLE
SABLE	FEU
CHACUN	CORRECT
EXACT	FABRICATION
ENVAHIR	CLOU
PROMESSE	AUTEUR
LANGUE	LUDIQUE
TARIF	DIRECTION
FACILITÉ	PRUNE
BÂTON	LIÈVRE

Puzzle 62

```
E C N E T É P M O C M X K C D Y Y C W C
T N L T S X H P Z Q O Q S J A M O F Y K
Y O T S E C M I E Q Y N F K N U V M S A
X L P I B V P N H Q T S U H G I Y X Y G
Z Z E T E J W C Q R L U Y T E S X E U C
X R L N A R Y E D C V Q É N R Y I T K I
Q O H E M N V A N P O R T E E O Q B V X
S P A D R P T U O Y S K I M U R N W Z D
M O E M P L O I X D N F V E S L E N W H
D E U E J K L R C Y O I A T E I N A K F
A T I P B L E U H N B L C A M E Q B E T
V S S L E X Z B I K M J Y I E J U A E N
Y A Q M L R W H P E I X Z D N D Ê C Q C
R R Z Q V E Z M S H T A O É T É T F F I
Z T Y H Z P U E H V W G J M A F E X W V
W N W O V U I R Y T M T D M K O X T Y B
G O R Y E O J P Z Y U U G I K P P P C P
L C W E A C T E N D R E M E N T K W K G
```

TENDREMENT	EST
ENQUÊTE	FIL
BLEU	DANGEREUSEMENT
DENTISTE	CONTRASTE
MEILLEUR	SOUPER
CAVITÉ	EMPLOI
ENTIER	PINCEAU
ÉTÉ	IMMÉDIATEMENT
COUPER	CHIPS
PORTE	COMPÉTENCE

Puzzle 63

```
P U S P N P A L J G S C V S Z H L S Y E
R S I W U J Y N G O C R A W T A Q I E E
E N T R E P R I S E E D U G C Y X Y N N
T O I O R C E Z I E S S E R E H C É S O
N I U I I Z T B R I T N E S R S H R E B
E T R N R L É Q G S E R V I L E C T I L
S I B E C A P I Q A O D I G É R E R G E
É S I S É M É J S J Y U V C R C G P N D
R O B U D L R X S K Z B D L P V V A É L
P P D V O P E V M U T R L A N G S B E E
Z A A P A B H O J R V Û H Y I R O T Q N
R Y R V Z O B Y K D I L I J X N R Z J U
M O F F I T N E T T A É V Z D O L W U W
X U G A O U A P Ô T F F L Y R P X Z G A
T E I O W I B F T K R S V G N R H B N J
C H O W B F S D U P B P O F B E I L D Q
O I X E U J I X L Y Z R T R P C O W Y M
X C C L H A P W P M Q R Y C N Q N E L X
```

NOBLE	BRUIT
ATTENTIF	SENTIR
PARFOIS	SOUDAIN
RÉPÉTER	POSITION
ENTREPRISE	ENSEIGNÉE
PLUTÔT	SÉCHERESSE
DIGÉRER	LIVRES
CAGE	PRÉSENTER
BRÛLÉ	SENIOR
GRIS	DÉCRIRE

Puzzle 64

```
K Z I V J F S Z Z B Z G K H V V A N M C
Q V O O L T F R H E I U A C L S W O O I
X E P I P E S E R L I T U O T D E X T T
T B F S R B K S U E B A L A N C E R I O
L M N I A E V E S T U T O O E I L B V Y
A K P N R X C N G T N A T S N I L K A E
W K O Q F G K H L E X E T E N N I S T N
V J S O E H O X E H N B P Q N B E U I J
Q L I L B E M B R R E R U R A W S A O W
I U T C L T X Y T E C Z A B E M O C N D
E V I A S X S I Î C B H A T V S R I G K
T F F R W U J G A R S W E L E H G E U E
V E Q T K J P O N B É E L L E M Ê M E J
X I U A B R U P N Z R C O U R O N N E V
O Y D B M M F Y O C I Q U V G S A N S Y
D G W L J J M U C S E F B V X B I O X W
P P J E B H S P E G É O U P T V R X U C
C O N D M F M I R H K K B A I F X J C K
```

POSITIF	SERPENT
ELLE-MÊME	RECHERCHE
SUPPOSÉ	RECONNAÎTRE
OUTIL	CITOYEN
SÉRIE	SUR
COURONNE	TENNIS
BELETTE	BALANCER
VOISIN	MOTIVATION
INSTANT	PESER
CARTABLE	GROSEILLE

Puzzle 65

```
O C C J N R P I L Z F G D O N C C K F K
N H J A M A I S E Y H D U D W T A W D U
U I E M T W E F V N T V V S Z R R X W W
I O O V J H N V I Q T V Z T K Z I S G U
F T F R S W I K S V S C Z S R J B O V Z
Q G Y E R I A S S E C É N H N X O M W Z
E L Q C T E L L E B D V N B O A U M T Y
C H A N D A I L L B L A Q T K O E H E A
C A C E E B K R U E T A R É G I R F É R
A S W D T J T S R Z F Z Y E T F Q U O I
O F R I E M G X E U C H U X G N Q S A Q
U M Q V V D T K F J O M V S E R A I T Q
T U F É J O M Q S V L C A O D V S F Q B
C Z U T P P G Y O S Z Y K O U M V A N L
H G J X Y O F K Q X X P C U I L L È R E
O Q X M T N E M E T R O P M O C A L D D
U J G O T E G K W R Q P O F D A Y E N I
C S O I S Y C T K C R J I X V M X Z L V
```

COURRIER
DONC
JAMAIS
CAOUTCHOUC
SERAIT
VIDE
COMPORTEMENT
NÉCESSAIRE
PONEY
ÉVIDENCE

BELLE
CARIBOU
LAINE
CUILLÈRE
ROI
ENFANT
CHANDAIL
LESSIVE
CHIOT
RÉFRIGÉRATEUR

Puzzle 66

```
E N V I R O N N E M E N T W B C F Q Q A
C G H G Y E P B R P R H I H R O I C A M
N P I B Y Z S B U B B Y N U L U U O S X
E W L W Y T X U L A N L O N X R A U S L
S S J M O N U A G E U X X O R T A D E O
S F L X U A B E I L L E R T T E M R O C
E G U O R Q O S N O L G N O W E W E I K
M W U J A Z Z I P T R A N Q Y M G N R G
E B N V G L Y U X I E M K I T H A R U M
T Q H S A C L Q E Q J O Q S U J Y T O H
S O E T N E M E S U E R U E H T B D S L
F Y M C H U G R M L Q F L L G R V V L V
Z U E A S R W O W L U E O I J N K V B A
C H Q Q T T F C L T Z D S O F S A F D N
D I S I X E A A E R H H Q T B J T L X Q
K Q I J F E S P W B O E P É E Q T P É A
B F C D T C C G M J M H O B K G F C V M
C W T I Z Q C L W W K Z R N B A I N V M
```

COUDRE	ESSENCE
MÉLANGE	HORLOGE
REQUIS	FROMAGE
NUAGEUX	TOMATE
HEUREUSEMENT	ONGLONS
ASSEOIR	ROUGE
METTRE	RUE
COURT	ABEILLE
ÉTOILES	PIZZA
OURAGAN	ENVIRONNEMENT

Puzzle 67

M X I C G V W X D Q U Y L O M C K C A I
P M T Z N L G B T E L O I V J L H A M L
Y R C Z V A Z S T A J U T V M N W K Y A
E E D W Z E I O U M X O U O R I A U M Z
D I R E C T E U R A M I P K D P M B A Q
W L E U D Y R G E I A R Y S F Y I N H V
I A M Q O Z I Y G S Î Q G F L Y S E R L
Y V M I J M A Y N M T C H A N C E U X G
I E O T E Y T D A N R Q U E S T I O N A
W H N C R F N B D X E W V C P P E B Y D
L C Q R R M O N J V P S R A M M I I L U
T S R A E E L I R V N D S F O J J P I P
N R K Z U F O B I A T Z D O U J J S T O
K A O W R Y V V I V R E Z S H I X N T Y
Z C L U Z J C Y C I C K M S X F E D A E
T Z H U V U V E N D R E D I Z O L R O R
S W E O U É G V Z R O L H O M M E S H K
Q L M Z C O E A T O D I T T T D F M K Y

MAIS	CHOC
TROUVÉ	DANGER
VENDREDI	MAÎTRE
TAXI	NOMMER
VOLONTAIRE	AMIS
DIRECTEUR	CHEVALIER
VIOLET	HOMMES
VIVRE	FACE
CHANCEUX	ARCTIQUE
QUESTION	ERREUR

Puzzle 68

```
O E A K R I X N X G I Y J C I P O H O E
R N A U M V T J Y H X I F T X R E M I F
G T X T C C H A P E A U H V G E T U O R
A E E U H U V U V W X J R O O S A R B M
N N X C E P N Z E R È I É H T S T T M J
I D E K P H E I E L L B W L U E N I E R
S U R E I C O G É N L Z S X F E A Y O E
A C C K N R Q F P É R I M È T R E A K D
T C E I S G D Z V M U V M E A R I C L A
I R N K V N F T O U E E Y L Z U M C F E
O K T Y W Y Q Z Y B D C I Q H V O O D L
N F C A E J M X R O N A L W Q Q M M X K
H H J U T R U C S L E N Z G J S N P P I
N X X Y K O L C X G V P H I T K W L N T
I H D S B I O Y A S S C U U R Y H I J B
P A R T I E S D N X F B V M A R B R M S
D D S P J G B L P L O Z Y S W Z D L Y I
A K I S Z V A C F I G A R W N Z O Z B E
```

ENTENDU
PARTIES
MOMIE
PRESSE
ORGANISATION
TRUCS
BRAS
NÉGOCIER
MILLE
ACCOMPLIR

PÉRIMÈTRE
CHAPEAU
EXERCENT
AUCUN
ABSOLU
ROUTE
VENDEUR
THÉIÈRE
LEADER
REINE

Puzzle 69

```
A O Z L B B S C S S M T W H Y Q E T C V
W D U J W J I W Q R S C E H E O I Z L M
P Y O Z H Q Z S L H T Z C A I L L E A I
S M B P G É O G R A P H I E I U R C I L
É Q I L T N A V I U S O R N F D F R R I
V R H O L E K Z A K O Y F N L W R U Z T
I I R W D U R V D Y O P I A I D D O J A
R Y T K R Q E U S Z V U T V M S I S S I
P E P E S I T L E E W E N I B H Q S Q R
U A T H S T N O P G J H E G O P I E K E
H B B P T A E V Y A R P D U C F H R I S
E Y G L M R V S K L H A V E C E N T R E
N S D K Y P N L G B L N L R X D Z I X N
R W D J C R I O L M N R O I L Y U W E B
O U J X F V R O B E K S E P I D J V B T
T Q P B E D Z G Q S S J C U N S A Y Y T
D E T Q H Y K N Z S D J I T H S E E H C
S P É C I A L E W A K V C G M L I X Q W
```

LARGEUR	PRATIQUE
VITE	CAILLE
ADOPTER	CLAIR
MILITAIRES	PRIVÉ
CENTRE	NAVIGUER
ASSEMBLAGE	RESSOURCE
ROBE	HIBOU
DENTIFRICE	GÉOGRAPHIE
PONT	SPÉCIALE
INVENTER	SUIVANT

Puzzle 70

```
F O C C I D E N T A L P R S D U R P C L
H A I X N F T O I Q X W É V B F Z E O Y
M W I K I C A S O H K E B R T A C R M U
I Y X S J B U S R Q L X H E I Y L M P I
D R U J A C P I T Q P C Q T U R A E L H
U R R D W N D U É W U E Z C I S I T É Y
Z L Z L J M O C P M A Z I E N O R T M A
C L C L E I R T S U D N I F S U E R E R
D P O J X C N P T K E D D F J T M E N V
K Q P F P G P C E V U C R A G E E J T Q
V B K R O T H Q U J W O Q I E N N W A X
U E H X S E L R E M W Û Z R S I T Q I L
W X F C I S I P Y T F T U R T R T W R T
S A N J T S E W T B A L U R I N E V E D
Z W J S I I V H Z O X V E K O Z E P O U
O E A V O A É Q C Y P Z D U N B E U N Z
F Q Q R N R R X C A M I O N R B V J H Y
F W V J X G O D M T V R S F J S S A G K
```

INDUSTRIE	PERMETTRE
COMPLÉMENTAIRE	OCCIDENTAL
FAISAN	GRAISSE
MERLES	COÛT
EXPOSITION	RÉVEIL
DEVENIR	CUISSON
FLEURS	AFFECTER
CLAIREMENT	GESTION
SOUTENIR	ÉTROIT
CAMION	PÉRIR

Puzzle 71

```
É  I  S  D  N  A  L  G  J  Q  R  Z  Y  E  F  U  E  N  J  W
L  D  T  V  G  A  C  G  E  Q  J  C  M  Z  D  A  M  P  H  O
É  E  N  U  E  J  T  C  P  U  N  J  M  J  E  G  C  M  M  P
P  N  A  V  G  E  N  I  L  A  I  T  U  E  N  F  L  I  G  X
H  T  F  Y  O  E  A  G  V  R  B  F  S  R  T  H  I  O  L  K
A  I  N  I  G  L  Y  Z  U  E  N  C  E  T  L  V  X  N  O  E
N  T  E  P  T  P  A  R  I  T  K  F  W  Ê  A  S  O  Q  T  L
T  É  J  E  V  O  R  O  U  N  C  O  M  P  A  G  N  O  N  L
B  E  U  R  W  D  T  F  D  E  W  C  H  O  S  E  L  Q  D  E
H  V  C  S  B  A  T  Q  N  M  L  O  K  X  C  R  J  Q  S  U
U  F  L  O  S  O  A  Q  R  U  T  T  S  S  P  K  N  M  Y  T
P  T  T  N  W  M  P  T  T  G  I  D  A  J  D  B  D  M  N  I
N  I  Q  N  A  Y  P  Q  E  R  I  I  H  Y  X  A  A  Y  Z  B
N  Y  P  E  T  F  F  M  R  A  J  K  P  P  H  P  S  P  F  A
C  W  F  L  V  X  R  D  C  S  D  G  L  L  V  L  C  A  L  H
R  É  S  U  M  E  R  U  E  T  C  O  D  E  I  N  E  W  U  I
D  D  J  O  E  B  W  S  Q  S  S  V  E  V  C  E  C  W  U  N
A  B  Y  B  W  Y  I  P  V  L  E  K  J  I  O  B  R  R  N  C
```

DOCTEUR	LAITUE
CHOSE	FACILE
ATTRAYANT	IDENTITÉ
ÊTRE	NEUF
ENFANTS	NATIVE
HABITUELLE	RÉSUMER
GLANDS	PERSONNEL
COMPAGNON	PLIER
JEUNE	DENT
ÉLÉPHANT	ARGUMENTER

Puzzle 72

```
Q R V J X F H Y R V I O B Z V V Q S B A
T O U C H E R P O Ê L E É R T N E A A M
P H B V N B C V E R D I C T H R H R I É
V Ê X M U U F O T A S F V R Z A P T G L
I Q C M V A O L N R I U D P H O A I U I
V W J H N L I K H D O X V E O S R S I O
A Z S N E É S C E R O C D S J Z G T S R
N V F D X Q P O Q S R A K R K O E E E
T I Q K F U U P I M Y H T E V C H T U R
E V S E D I O D A L P O F W N I T H R M
R X F U U T W I R C D A Z C U F R L P V
A D K C W A M P X J F V S D U W O M X H
V G K O K T B F L E Q B E S A G G A C P
B S E N G I A T Â H C N F W I K V R L P
X K Q M N O I G C U Y Y B B L O Y C X Z
X S O N T N E M E N R E V U O G N H F L
L W C Z S O S I S K K L Y Y M Q O É Y Q
I U C G H H B N Q O H X N P A E A I R T
```

AMÉLIORER	COMPASSION
FOIS	TOUCHER
AIGUISEUR	MARCHÉ
PÊCHE	CONDOR
OURS	VIVANTE
POÊLE	AUBE
VERDICT	ARTISTE
CHÂTAIGNES	ORTHOGRAPHE
GOUVERNEMENT	ÉQUITATION
ENTRÉE	SONT

Puzzle 73

```
F  Y  L  I  Y  E  E  Q  E  U  Q  I  M  R  E  H  T  A  H  P
R  O  I  M  V  X  V  Q  O  O  R  L  D  G  N  P  R  N  X  A
G  X  R  V  P  P  B  G  V  P  L  P  Z  N  T  T  E  A  A  R
Z  E  M  Ê  L  C  G  D  Y  R  U  E  U  Q  R  A  M  L  R  T
T  K  W  O  T  N  A  Y  A  Q  N  R  D  L  E  M  B  Y  J  E
D  É  T  E  C  T  E  R  O  C  B  I  I  È  R  P  L  S  A  N
G  L  N  U  G  W  K  H  W  D  V  O  N  R  U  G  A  E  Q  A
V  M  R  T  C  Â  Y  E  V  F  E  N  R  E  C  S  N  A  C  I
P  P  Y  R  Q  Z  R  P  M  F  R  S  G  O  K  X  T  G  B  R
O  B  Z  O  H  U  R  X  X  Z  D  R  E  T  V  C  T  I  U  E
I  J  E  T  H  F  E  O  A  R  E  E  P  O  S  S  I  B  L  E
R  P  V  Y  W  J  T  Y  Y  C  S  G  Q  F  V  F  L  S  A  R
E  W  M  V  R  D  Y  K  S  N  I  A  T  R  E  C  M  E  F  Q
A  B  X  N  Y  P  Q  B  B  Z  A  R  D  T  K  V  W  Z  C  D
U  Z  D  T  O  E  N  R  O  W  P  D  N  M  W  N  K  F  O  H
X  F  D  G  F  P  J  Q  A  N  É  É  D  B  Z  U  D  V  G  M
B  L  B  W  J  S  O  I  G  N  É  M  E  N  T  A  L  V  K  T
D  P  F  L  T  O  W  N  Z  U  Y  W  T  O  K  Y  E  Z  O  M
```

SOIGNÉ	ÂGE
MARQUEUR	REGARDÉ
NOIRE	AYANT
TORTUE	TREMBLANT
DÉTECTER	ANALYSE
SUÈDE	FORÊT
POIREAU	ENTRER
POSSIBLE	ÉPAIS
PARTENAIRE	THERMIQUE
CERTAINS	MENTAL

Puzzle 74

```
M T C Y W A F O D U P C H A Q W P D T D
A E H M J A Y H I B O A B H X Z R U V B
G O A N W C P P S R C G J B Y D O A U N
N R M O N D X Q T H J M R Û S N P I L X
I H B A D G W Q R H L Y E E B J R N H R
F N R O U H T O A G D K N C T F E S O Q
I T E C D E N S I C Z K G N H É E I I D
Q O B É I R N P R O V J A A É T L T M I
U A E S I O C T E F S E G S O J M F J R
E B N B S Z F E I U W U P S R P D O E E
D Y F Z J W M F N E Z F L I I K V N Q R
F M K G H S B A R T R K A U E L A T O T
C O M P R E N D R E R S F P K E L N U Y
F F F P O Z T U M Z D A C H P T H E D R
D R I F J W V C X O P I L R C Ô U V E G
G E P X C G T P T H P Z S B C H W N G T
M T W J K N Q K D L V W I Y A J D O U B
L O P P O F C F N N M D W B R N J V F J
```

DIRE	OISEAU
MAGNIFIQUE	PROPRE
PUISSANCE	DISTRAIRE
VENT	NOM
HÔTEL	COMPRENDRE
OBÉIR	CENTRAL
GAGNER	SÛR
TOTALE	THÉORIE
AINSI	CHAMBRE
REFLÉTER	ENTIERS

Puzzle 75

```
P  C  X  N  H  S  S  P  F  W  Z  Q  H  I  E  G  F  H  D  X
K  J  R  O  Z  Y  V  J  E  H  I  N  O  H  P  Y  X  D  R  U
N  S  R  U  E  T  A  N  I  M  O  N  É  D  G  W  L  O  J  P
G  J  M  V  P  T  U  N  I  D  X  D  Z  M  J  O  H  W  P  I
L  J  R  E  J  G  C  N  C  M  P  F  E  M  F  K  O  F  O  B
C  U  V  L  S  D  S  U  O  T  T  G  É  V  Z  A  S  I  U  A
P  A  N  L  P  I  E  A  M  É  C  O  U  T  E  R  E  Y  S  L
Z  D  D  E  A  S  A  X  P  X  L  C  J  C  I  H  F  I  S  E
E  Q  S  S  R  C  S  K  L  H  G  C  T  M  E  L  O  R  É  I
P  L  N  H  E  U  T  N  E  M  E  R  A  R  C  U  A  E  L  N
B  F  M  C  S  T  H  O  X  T  R  A  M  W  A  Y  T  É  H  E
F  S  L  Q  S  E  N  O  E  L  B  F  H  H  H  A  R  X  R  I
K  M  V  O  E  R  L  K  M  J  U  H  H  C  T  G  O  Z  D  M
P  L  W  Z  U  D  R  E  P  F  E  U  I  L  L  E  U  A  B  R
A  N  B  D  X  E  J  I  A  U  M  D  N  Q  S  Q  N  W  D  O
V  W  X  E  I  K  U  B  I  S  O  N  E  C  B  R  V  L  B  D
X  J  M  H  M  H  G  C  B  U  M  V  Z  G  Q  G  M  B  P  N
S  D  E  E  W  F  R  I  Z  G  G  J  J  E  U  Y  A  C  Q  E
```

ÉCOUTER	JEU
RÉALITÉ	NOUVELLES
ENDORMIE	PAN
POUSSÉ	PAS
DISCUTER	PARESSEUX
TRAMWAY	DÉNOMINATEUR
RAREMENT	BALEINE
BISON	FEUILLE
TROU	PERDU
CLÉ	COMPLEXE

Puzzle 76

```
T S I R M L D Q L F M W M E B R D J L P
Z K S H N Y L J A T X U P X N R L J C D
C W E T Y E F Z F G M Z S Y P G M A R É
R E P M O R T V N K O B K A V S B C A R
È I D W O P Z Y M P H Y P N R L T L Y A
M V M A B Z M U T G X U J D D A K Z O N
E R J B P X B C C R R C M A L A I Z N G
L E R O O P E N S E R S I O T U P G K E
U T A I R E L R U H N C É T Q C O J N R
L N P T T L A S O I K G T Q R Q V P V E
L I I J E B I E I P O P I J R O J V J O
E Z D B R A C T T S N M M S H M N A V P
C P E I I I R T S L B V O W E C V R Y W
S T M Z T R E T A E T N C O Q X D J I I
J J E T Z A M F O N T A I N E F H P Y X
U O N S U V M Y Y C T Q T N N G C P L P
V E T B N N O I T C U D O R P F E R X L
O V T L X Z C Q L D A W Y L M Y O P N E
```

PENSER	HURLER
CELLULE	FER
PUTOIS	COMMERCIAL
PORTER	PRODUCTION
CRÈME	RAPIDEMENT
VARIABLE	COMITÉ
MUSARAIGNE	INTERVIEW
CITRON	SIGNE
TROMPER	DÉRANGER
CRAYON	FONTAINE

Puzzle 77

```
O M S R S I D R E X Q A R N U O U I Z W
R K F Q B H P T S L J R I È W A O R Y G
D P U C O L U N E T T E S L G F C E V N
I F U L F U O Y J R G I M I T N K K Y A
N C O O L W C T J O I M X C I O E N Y Z
A G K L E C U M G T Y R N E Y O M N Y D
I Z E O Y I A H F P M E E K D U I O O O
R M T W X L E X F B X F U H U V R R H N
E V H G H E B Q K C A X P S V R C J É N
É T A P E O V D Y B T L P C E E V X T É
H I P P O P O T A M E S L J P M I I A Q
A V A N T S B W T G L B L O Y J E F T A
T S M R W Y M J Q T U G W N N F P N L Y
B O U C H E O W R V N I U J V S S B T C
N J E O V S W J J F A W L D Z S W M F N
I O R P N K N O F K I Y D W D W J V G O
P R B V J F C S R L R O V P Y X Q K N T
L C H A L E U R Y V E U B H N L L F J E
```

AVANT   FERMIER
ORDINAIRE   RÈGNE
LUNETTES   CRIME
OUVRE   ÉTAPE
DONNÉ   BALLONS
MOYEN   HIPPOPOTAME
CHALEUR   ÉTAT
BEAUCOUP   COOL
BOUCHE   NOTE
JOYEUSEMENT LUNAIRE

Puzzle 78

```
H L M J B T K G H Z E L L I E R O B K A
V C T C A V Z L R J N O I T C A E C A O
X N D Y L X B A C Q N I X G A G G V Z O
Q U G L L U C C D F E N O I T A T I C D
S A F R O N J E E O Y T O R I G N A L E
S O Y F N P V N G W O A L N T V W N D H
J S E C X C R Q F L M I T I A G W V K C
A R N C M B N O L P L N Y T E F Y R Q L
I U I V N C K D G C U E I L L I M C X Z
N E T H U P F O Q R U L L I Z S R J U Z
C I R O R X Y J M G A T C X R S K J T A
I S Y B M A O C G Q E M A G K E R C T M
D U J R U N Z B N K D S M G N R E S K S
E L N S S N E R D N I O J E R G S E H R
N P P A R L E N T L R J Y R U A T R T B
T R R O H T U K L C R J W J I S E N H D
K S Y H S F U C B Z T D F J T I R A P Z
L R Y D G P W V L H D Q K J Q H B D J Y
```

GLACE	CITATION
RESTER	LOINTAIN
BALLON	VER
INCIDENT	PARLENT
PROGRAMME	CUEILLI
REJOINDRE	ACTION
OREILLE	RIDEAU
CES	AUTOMNE
PLUSIEURS	AGRESSIF
MOYENNE	ORIGNAL

Puzzle 79

```
R  A  R  B  K  O  N  J  D  W  L  D  P  Z  S  M  L  X  H  D
S  U  Y  V  L  P  M  B  T  A  N  X  T  W  P  H  Z  O  Y  C
R  Z  K  B  Y  I  C  R  C  U  R  F  Y  M  J  X  C  W  P  U
B  L  P  C  J  F  R  É  Q  U  E  N  T  O  K  S  J  K  M  X
R  E  R  É  D  I  S  N  O  C  L  U  E  U  R  Z  F  L  T  K
A  T  L  X  W  D  P  N  V  Z  D  U  P  L  I  Q  U  E  R  Z
I  S  J  U  I  Z  M  G  N  S  F  D  Y  D  A  G  J  T  I  S
S  U  J  Y  O  K  E  S  I  A  H  C  H  R  H  T  G  S  A  S
I  J  B  Q  N  P  T  N  E  T  R  O  P  M  O  C  F  E  P  Z
N  T  M  H  G  L  E  Q  S  B  P  D  E  R  F  I  Z  D  P  V
F  E  E  J  B  E  S  M  F  D  N  H  R  Q  B  G  F  O  R  X
G  E  A  N  D  L  S  V  T  C  U  S  P  Q  U  U  F  M  O  P
L  L  Z  U  I  K  A  P  A  P  O  N  E  C  T  A  R  N  C  W
O  E  R  P  O  R  P  M  I  G  L  U  A  M  H  E  T  E  H  Z
B  C  Z  J  Y  H  M  F  E  N  E  P  P  O  L  E  V  N  E  Z
E  M  K  Q  L  O  S  K  X  Y  S  T  N  E  M  I  R  T  U  N
W  S  V  R  S  I  R  T  Z  R  E  R  Z  Q  T  N  R  L  W  Y
D  F  U  G  K  B  M  P  Z  L  U  W  G  V  H  H  G  H  Q  Q
```

FRÉQUENT	CONSIDÉRER
RAISIN	LUEUR
GLOBE	CHAISE
TENIR	JUSTE
COUPE	DUPLIQUER
APPROCHE	MODESTE
PAPA	NECTAR
NUTRIMENTS	ENVELOPPE
COMPORTENT	IMPROPRE
POULE	PASSE-TEMPS

Puzzle 80

```
Q Z T J C G S W A R E Z O U Y G Y C S C
F O B F K A L A E G É C G Y Z C F A L O
N Y K X Y E L Y T Z H F S É R I E U X L
R É C U P É R A T I O N É T X I X X U È
X L U A P K L P E T Y B Z R Q P C E X R
J U N E L A N O I T A N S Z E R T B D E
C N C D F C G T V O R J E L B R O O H M
P O P I Z Y E O R A U T R E S M R W E È
V I L R I X F M E D W N D N P O T K F L
U T F L R S M A S H F E R M M N E J J B
Q C M E I A P P U T E I O N E U I V F O
W E W H U S H Z K C A V G D T D L Y Z R
Q F V X N O I T U L O S U É N O D H U P
M F R C N O J O E X N N E C I G U K X K
Z A A U W E N Y N M C I G I R R M N F S
A P W S I E C J I Y P K M M P E G T B O
R V C S Y U W Z O T G W W A R S V F E N
E J U G E C V X K O G Y N L Z Y C N Q Y
```

SOLUTION	DROGUE
VIENT	RÉFÉRER
COLÈRE	PRINTEMPS
COLLISION	PROBLÈME
MOTO	NATIONALE
AFFECTION	SÉRIEUX
FAUCON	SERVIETTE
ORTEIL	AUTRES
RIDEAUX	JUGE
RÉCUPÉRATION	DÉCIMAL

Puzzle 81

```
P O Z N Q A M O H B M C P U S I P K A S
E S U O P É G O Û T A J N T F M N E F H
R N M R H Q V C Q W R T O W U P T R U P
S Q Î O C H M V E A I S O S M R G U P T
O S C A W T J R A Z E T W T E E L T G V
N F V P H H D T Y R R X A K D S M R Y S
N Y J W A C E R S C L B O R U S G E O I
E C N E R A P P A J Y E N S C I F V D W
T K Y T E Z O O A A Y K I L C O E U M M
T E F O N B D K J R A F H L A N V O D O
T E K G N U I É Y O V N E M N N A C R I
T I E Z O Y V G A A Z Y Z O U E P A P M
B Y J G D O A L C G O F A I T R D G R Ê
X S K R S N J I L O C O R B J C E E S M
C J G K B W E S A C C È S F J V G E U E
G N L A R G E E É N N A E T H E R B E X
C T F Y L R E D I O H H A K F X K J W Z
Z E Z G C J W W R N E D N U H Q W G G K
```

BROCOLI	PEUT
HERBE	ACCÈS
MOI-MÊME	GOÛT
MARIER	ANNÉE
ÉPOUSE	LARGE
PERSONNE	DONNER
IMPRESSIONNER	APPARENCE
ENVOYÉ	FAIT
CHAÎNE	ÉGLISE
COUVERTURE	DEUX

Puzzle 82

```
B L R I E R E R R A M É D B E B N W K W
C O N É G L I G E N T E M U L O V É X R
Z C O M D Q W R U E H C Ê P H R B N P O
H A G U I N O R F H J A F U X G M O Q J
R L A G T S R O W F S H T R G J K R H E
Q U W E L N S C A K U S N O T U O M N Q
J G M B K A Q I I A L O A M M G E E A Y
J B S P L S M W O I I W S C V O Z R S U
J P Z D Q A K L B N E D I P A R L D B Z
Q U W X A Z I P W U K O F K L X R N I B
J K O C É T I R O N I M F I I Q C E X H
B K C O R V É E E O Y I U A G N N T F N
L Z B W Y C X K Z A D N S B M F H J C Q
P R É F É R É X Z Q U A I E T A Z T Y E
I W J D X K L U P J J N R D G U L F D T
F P C E V J J O W X J T R A H T Y T U A
A W F R A N T S H F W K W Y Q E F N I C
D A A T J N O L Y J B T J L K F G N O P
```

MOUTONS	PÊCHEUR
CORVÉE	SUFFISANT
RAPIDE	WAGON
VOLUME	MINORITÉ
SOUFFRIR	MISSION
NÉGLIGENTE	SANS
FAUTE	DOMINANT
TENDRE	LOCAL
DÉMARRER	ÉNORME
PRÉFÉRÉ	BLAIREAU

Puzzle 83

```
G E H C O M R G E B S S Y Q A Q Y A A R
B U X I X U P T É J I O K H N E M A X E
A U V Y C T K B S N O O Y Z É X M O T N
D D S Z W I G R O Y É P N O M L P O S I
G F Y H W H W T I R E R T N O M W X F M
E L B A P U O C N X L M A W N Y L K G R
W Q Q I R C B C S X I O E T E Y L C A E
V S A Q Q M G W J V C Q K V I F C A R T
C D F T X A B W G E V E E R A O Z M K É
P A U S E R H S H M L Q L U H D N P X D
U U Z Z G G V G B R G W V B R M B A T R
C T W U L U S I M P L E V A A C W G Z O
P K J Y K E P Y T T H I F N U R R N G Q
H S K I F R M O H E O S U Q O V É E I W
A H D I Z I X D H H V P R T W H W S X F
S S N X L T D É C L A R A T I O N N I F
E O Y G U E S G T T V D B T R Q Y J H M
Q J Z V N T S A H V B A S P Y A X W J B
```

COUPABLE	BADGE
CAMPAGNE	DÉCLARATION
PHASE	SKI
PAUSE	GÉNÉRATION
RUBAN	HAIE
MARGUERITE	TOP
MISÉRABLE	DÉTERMINER
BAS	ANÉMONE
EXAMEN	SIMPLE
SOINS	MONTRER

Puzzle 84

```
J O M Y E P A T R L W V L Y U L E I Q N
Y K Y Z L O T R E R É P O O C X T Q U H
M V Y O X J H O U F G W Y L S S J L C T
L H D C K W K I G P B J H V K X D J A N
K W B W O L H S A R C G C M N G S E M R
C X J A J S N I R M A U G K Y L M B I I
R O W A G B R È O T R C V T S I K X I F
I E U U D R E M M N D A S I E L C Y C I
Z S J R G E Q E C Â R G D E C R M V P N
K F Y A B F C O N F I N E R N J M I L I
L F U H R E W E O S I T E G A U P E M R
X F D H Z N E I I J W I X K C S Y P S F
C O N F L I T A T S Z S J H A W J S G S
W I L U I L T U C S Y I N P V X A P R M
D O V W E R M S E R U S S U A H C W M G
W C P I O U P T S U H Z D E H O R S Y B
W D Q G Q W M D C S T Q K F D L W E W O
I E X R C P O Y W C S Q S K G L E Q B Q
```

SECTION	JUS
ESCARGOT	CYCLE
TERMES	MER
COOPÉRER	GRÂCE
CONFINER	CHAUSSURES
BREF	FINIR
CRASH	CONFLIT
DEHORS	VACANCES
COURBE	SITE
TROISIÈME	OEIL

Puzzle 85

```
S Q K Y Y J I R R T K A F O P T S M X G
V Q B L I C H P I X D M I T E T I M I L
Q M C S D W I T B P O Z N Y L U X T L Z
N F N W É U M P Q F C V Q T O O O R É Z
Z T N G C C B G O B Q A P E U T F H G C
C X J E E N É E J K X Z L Z S R M A R I
B W X P N A C C H Q U L G V E A R F K J
M P J R N N I P O R T R A I T P N O H S
R D P Q I J L E N N O I S S E F O R P P
G Q G M E F E P T A L P B X Q H R R N A
N I U A X I R S A V Q U L O H X P W J L
Z N O I T I D U A S R A K V Z U F K S T
E P B A I T N X F N T N E M M E C É R I
W Q F D U V I P M H D È Q V V V Y Y X D T
O F B F Q W E W R I D W Q P P O K V I U
I A N I L Z P R G F W K I U Y J N J J D
C O U L O I R P U G M M U C E G O H I E
A Y T E C H N I Q U E X A E H G F Q Z H
```

MARI
RÉCEMMENT
PROFESSIONNEL
TECHNIQUE
PARTOUT
ALTITUDE
DÉCENNIE
PEINDRE
IMBÉCILE
PELOUSE

COULOIR
PASTÈQUE
AUDITION
PORTRAIT
LIMITE
VAN
JOYEUX
ZÉRO
HOUE
SANDWICH

Puzzle 86

```
D R O L P Q B Z J I S B T E M D F Z J Q
A O Y H H P C M A N E I P L A I S I R F
T Y I G R J I U B Y R C M B A T Q D W D
Q A V T A W X B F F B R S I N J Q P B K
C W G N S L B S L J R K E D L X J R W K
U K L A E L L F Q H A S S B R A P E H R
I N Z T I P R U X L C X P L M S I V X H
W V I R U O R C É U Q I L P M O C R T Z
E D Q O L F L O O S Z A G C O M M E E V
C T S P P V Q Y T F P X Z A P J O S R S
V U E M A M E I L L E U R E U E O N I O
C U R I R L E W H N S E J J O C K O A R
L F R F A R E S P O N S A B L E H C L B
I I U S P C X U I T X H J D P T W E U I
M Z R V P S O U R I R E U L H Z T H C T
A V E E O O A R G P I Z J O G G Q B R E
T L L R M C B G O R S J U O Z Y G O I L
H S F U S F B U U P J H S O Y T Z V C H
```

GAUCHE	SERRURE
CIRCULAIRE	PARAPLUIE
COMPLIQUÉ	PHRASE
ÉCROU	ARBRES
DOIT	CLIMAT
SOURIRE	LOUP
COMME	MEILLEURE
SIMILAIRES	RESPONSABLE
ORBITE	IMPORTANT
PLAISIR	CONSERVER

Puzzle 87

```
F I G E U Q I G A R T I G Q Q V S U X F
H S Q M S G U W S Y M C J L L S S S E E
N Q J R T S G I S S G Z O Q G Y T E E G
A O R E T U A S O L N B D D P O U Q P M
P C T F C I M I R E W W V P O X M R J A
P Q X R O N A L T N E M E R D N O F F E
O R R R E D X E I N E P Z S Y F F X R C
R É O P L I I P M O R I Q O C R W Q K A
T V D T A V M A E I U S S B H N U F X F
É É E P I I U R N T T Y W Q B Q T E Q R
Q L X Y C D M Z T P C A H X A U Y Z B U
X E A N O U Y D W E E R Y L K K Z A N S
Z R Y R S E U Y B C L G A C M U M W C T
T K M A H L X D R X Q E K Y M E S I T F
R W L A I L F G W E T N A L P W Y Y L G
B B B D E E A Y K S C T C A M É R A K H
I H W L W I U T O V Z Q S L E G D K Y E
G J I W K A N H V V Y U B S A Y J K Z Q
```

ASSORTIMENT	SURFACE
FERME	COQ
LECTURE	MAXIMUM
CAMÉRA	INDIVIDUELLE
EXCEPTIONNEL	PLANTE
ARGENT	RÉVÉLER
ESSAI	SIEN
SOCIALE	SAUTER
NOTRE	TRAGIQUE
APPORTÉ	EFFONDREMENT

Puzzle 88

```
S I T U A T I O N H M C M P S L G P D M
D M Q E L K X D H Q F H V L O Y A D B C
R R E S I L I T U Q O O A I M I E S D U
A U I M H K A Y G G U C M G M C G U S F
N O I T C A R E T N I O P B E F A Ç X O
I F J S J O Z H D A T L I A I Z I É E F
P B B S D S U K Q S Y A R I L D R D M É
É G D V U A J U J K M T E S Q I A B S R
O Z G T J T C O B O E K U E H L M O I O
G I D V D I Z Y C N U Y J R F F X Q T C
C Q Z M S X Y L R O J E I M O N O C É E
P R O B A B L E M E N T U C C S B M L O
U N B J U E T O B E F L K R X I D O H H
D H Y W J K R D P Y X W J M L U L S T V
H H L G Y Q S S A H R A Y N K X E Q A X
D R D I S C O U R S R Q P U R F U T Z P
M P I H A R A A G Q R R W Y X Z I Y O G
D N P D P Q W M G L Y Y B R E K Q G K F
```

JOUEUR

ÉCONOMIE

SOMMEIL

PROBABLEMENT

DISCOURS

ATHLÉTISME

FÉROCE

YEUX

SITUATION

INTERACTION

UTILISER

SANG

LASSO

MARIAGE

FOURMI

BAISER

VAMPIRE

CHOCOLAT

ÉPINARDS

DÉÇU

Puzzle 89

```
D X E U A Z E P Y S C A R P Y Z Y X U C
I M K Q L P U W E S T J M D L C D T J R
S J C G S B Y I P K L L X I E A E K X O
T S Q G L M F E H J X W G R R L G G L C
A Q Y G C O N F I A N C E E U H O E P O
N X S F S N I C A B D J U C T Z Z G A D
C I V Q V V H S H E E U Q T L W U N R I
E É P É F S P W I Y V M S I U Q W A C L
I V Z Z L O U X J E D D E O C A X R W E
Y N P Q P U A G Y D K C R N V K N O U F
R C V H W J D D M V Q K P S G U Y A B R
V W I I T G S I B G R T R E M P L I R F
L X D A S B C D M A V E O E C R U O S I
T L U Z F I N L A D I L A N L E B Z Z L
M È R E U G B P A R E N T S Q E R J A S
Y M J F S U N L A V R I O I M T G D N V
Q P C L D N W T E K S A B B E N G O N X
D E S T R U C T I O N K L V M V I T G P
```

MÈRE	DISTANCE
GELER	SOURCE
BASKET	CROCODILE
DAUPHIN	ÉPÉE
REMPLIR	PARENTS
INVISIBLE	PLAGE
PRESQUE	DIRECTIONS
CONFIANCE	ORANGE
PARC	DESTRUCTION
CULTUREL	FILS

Puzzle 90

```
C O N F E S S I O N Q A V V E D C Z C S
K Q A N M B F X G P B W A E B K O I B Q
L D E A A C B W D O C E P X I Z U I M U
E X Y C A H O Z W U Y L L U M Y L K M E
C R W X J P X M Q Y R L A H I H E B N L
P E R S I L D O A D L I T S É F R B D E
O C E F D G O D P B R U R P S E K F H T
L N D O U H U B Q K J O I X O E R N M T
X E R E R A L C É D X N A O P T I O N E
G L A L V Z O G A O I E N S M F J T W G
O I G H B D U Y C T C R G Z O F V K P A
R S E U Q N R P U G R G L U C F B U F S
D D R E T D E W P Y H T E N U A J Y V S
C U W O P E U Q I T P I L L E J D V E E
H G R Z O R X D É S O R D R E J T S E M
P O M F U B H X V X A Y D Q X C V V S U
C O N T E N U Z A K D V N Y U Q M V A L
R Z K U O B A O Q U M D W D Q C L V N B
```

CONTENU	CONFESSION
REGARDER	DUR
CLASSE	SILENCE
MESSAGE	SQUELETTE
COMPOSÉ	DOULOUREUX
OPTION	DÉCLARER
TRIANGLE	JAUNE
PERSIL	ELLIPTIQUE
COULER	DÉSORDRE
BYE	GRENOUILLE

Puzzle 91

```
T Y I A O R I O V E D A M C H I O V A B
A S P Q K F I K X D S Y B D N D R U O C
V V N O N R F S I N G R É D I E N T V E
C A V E R N E I Q O C F H Y J F A W Z N
G P K G K B A F C U A H W D M J K M T L
A E N Y E K C O H I E C M O F X V F V U
X K N A É C O U Z R E X C S M H R H I N
L P C M N O M R J Y R R F U R T N N J B
N J U P L M M N J P F L U X S L N D Q B
P Y A B T M U I R I S I B L E E F A L X
O P K Z C U N T A T L U S É R S R N O W
N P C E A N I U W L I W Z Y W R X G E V
D P W L R A Q R T Z R E Y N C P U E L C
J C B O R U U E A G I T E R V Z J R I T
P H C A É T E S D W O O T T M U D E G U
W W K E Q É R T R A I T E M E N T U U W
O L W O T Q I J V U H C W M X Q A X B Z
H Ô T E O V B Z H G W G S Y O F R Z S T
```

FLUX	DOS
TRAITEMENT	DEVOIR
DANGEREUX	OCÉAN
OFFICIER	AGITER
RISIBLE	COMMUNIQUER
CAVERNE	RISQUE
FOURNITURES	HÔTE
HOCKEY	CARRÉ
COMMUNAUTÉ	INGRÉDIENT
ACCUSER	RÉSULTAT

Puzzle 92

```
I O C H M G B N X C O U I F P E L F D R
L S W V Q I L R E V U O R T V L X F N É
I C Q M W E O K É P P G O H T L L B G U
J U O H X X C C I F T F T E E J N C E T
B Z X K H Q S I L T O W Q X R B L O C I
A C C O M P A G N E R R W L R L K O C L
O S T O C K L R J X P K M Z O I S R K I
F R G C S D K F M N R Y T E R L G D O S
B H G F L O M A M A N I T J I Q A G B A
K V D A J L N L K Y X O Q B N S Q M O T B
M F Z R N X W E I R I A R P T D M S G L
G J O É C I U S I E T W J X E B E P Z E
A T O C C D S N Z L A H A V U B A L T C
M Z D E U L U E D B L I E P U U K Q B I
N S A N Y Q N F R A E I G O L O I B A V
X D W T Y P C É W P R L E J D J H X F R
D P V V S O Z D I A I O R Y H B B B U E
F M B A Y N F A M C S L K R B I E I P S
```

ORGANISER
RELATION
BLOC
RÉFORME
GAMME
PRAIRIE
BIOLOGIE
DÉFENSE
TERRORISTE
RÉCENT

OUI
SERVICE
TROUVER
MAMAN
BLOCS
ACCOMPAGNER
RÉUTILISABLE
SOLEIL
STOCK
CAPABLE

Puzzle 93

```
D U A P É D A X P Z N I S A U P K É N Y
Z É M P Z Q R G S J K E C Q J O D L T H
M K S N P É U H C A M E U R V E C E M Q
U W S E N R N I S F D L B G T W V C Y Q
Z F Y I R I O T P I E X G V Y A V T W O
X E H G S T I P L E É N G I A R A I W M
V P D U S B T B R D É P E N S E R O J Z
L A I O J E A Q F I E S L O Q T F N I D
L W X B Q W U P R K É G Ô S W N E B L E
J B I D D Q L X R Z F L R S F A M T K P
R W È D I X A G Z Y O A T I A I V Y Z J
R C M D H Y V O D E U R N R X D A G E A
O Z E H R E É G L K K V O É H U U O Z X
C O N F É R E N C E C M C H P T J V B I
E C I S E A U X Q O A W B E H É O É T D
L R I É N E R G É T I Q U E H R H L K T
P K O E C W N E J W K K X C S K J O T Q
H F G D W B E J X R Q K F F P M X Q L M
```

VÉLO
ODEUR
ARAIGNÉE
ÉNERGÉTIQUE
ÉLECTION
DÉPENSER
DIXIÈME
TIRÉ
ÉQUIPE-
DÉSERT

HÉRISSON
APPROPRIÉ
BOUGIE
ÉVALUATION
DIX
ÉTUDIANTE
CISEAUX
SUD
CONTRÔLE
CONFÉRENCE

Puzzle 94

```
T D M Z T W S Z X F S L I Q N N A D E K
O R Q K K M Y E O H Y L P N I O D M G L
I I R Q Y I W N K N I M T Q S I H L F P
P M C E F X J O A R E P M A L T O S V L
D O C G E E E I C S L C O L F A A V G B
Y T H Z N F Z T T S R J N C F T K B Y Z
C G L O S E N R U O T M L I H N T J L M
L C É G N D B O E U Q R A M M E C B W E
J Z Z V K Y G P L S I F D W L M R K X L
C Y A T T É M M L F S K Z I I I É O G L
V W R E L R A P E G S W R Q F L E M S I
G P D O A G S U R V I V R E V A R O E A
F D X Y P L J E M T I D E N T I Q U E T
R O V D Z A Z N V S K V B M H E U K J S
E E L Q Q M O E V K P R M S U Z E D U I
T R I M E S T R E C N A S S I O R C T G
B S I L S C T W S E E Z L H O G X E P U
E C G B X C H N C B A C P L C M D F Y M
```

MARQUE	IDENTIQUE
TOURNESOL	TAILLE
ZONE	NEZ
INSTABLE	SURVIVRE
PORTION	LAMPE
MINCE	ACTUELLE
CRÉER	ALIMENTATION
LÉZARD	PARLER
MALGRÉ	FILM
CROISSANCE	TRIMESTRE

Puzzle 95

```
F G C F R H C S Q R O W Z W G Z T O C H
X T V Z F W X R N W U B M P A C J K Z B
É G P A I H D U Q R A Y H G Z D T A Q U
T J H X J T P S U S S E C O R P O V V Q
É R G E D C H W A N V E R R E P Y T P T
I E A N V S X K L N V U R K E W S F Q Q
C S I N M Y I Z I D C Q R I N A L N M G
O R N S C K D L F S M I Q Y O I T J W R
S E L N E H W W I I F S E H P P J O O A
L V L O I N A R E V I U É T A B L I R N
R N L X A H R N R U T M C R A V A T E D
H I L E N N O I T I D A R T M D A K E M
P O P U L A T I O N L I B E L L U L E È
E Y C R I E P M Q D C H H F D B P W H R
V V P Q A I I M W E V K D O W C E X K E
E Q M U T C I C S N I P S B O S E L F I
E U O V É L G N T C M P G F D I S W Y K
M S M X D C A W D C H R Z D Q U Z D W I
```

TRADITIONNEL	DÉTAIL
LIBELLULE	GAZ
GRAND-MÈRE	TYPE
QUALIFIER	CIEL
SOCIÉTÉ	TRANCHANT
POIRE	DEGRÉ
CRAVATE	INVERSER
MUSIQUE	LOIN
POPULATION	ÉTABLIR
VERRE	PROCESSUS

Puzzle 96

```
O O E L R G S E C S K O T Z K G Q U F G
Y D M T C R X Z K S S I N Z X M O N T V
P W B H U L L Q X L K A X A A F U M J F
C E V A T T E N T I O N B T I U G I M M
J X N J W M I N U T E S A R G G O T W E
N U X T A I D E R O S É R T W Y L N I U
F L R I E A I R M U M P I E D P J E U G
R D T P R K S O S C C U Z I C B T L I A
É T A I E N T C P A T I N A G E O F W L
D A C W P S X S B M P Y I R Y É R F R B
F D Y E D E E W G K R A Y G T D M U X S
A N C I E N G U M U R A L E P I H O E W
U J F D D T D B Q K V P J K T Y V S F P
E B W C G W M L Y R X C Y Z B K U Z B T
M G A U T O R I T É P J O K D C N Z I Y
J R Z O U B L I É V X G Y G Q I F K T H
W Q H Z Z Y U M C X L N O V S K X Y I Z
S H Z G N N A U C E B F Q G N M U N A K
```

PATINAGE	PIED
OUBLIÉ	MURALE
AIDER	GRAS
MINUTES	TRÉSOR
BLAGUE	AUTORITÉ
SOUFFLENT	GOMME
AIGLE	ÉTAIENT
SCORE	ATTENTION
IDÉE	PENTE
ANCIEN	LUXE

Puzzle 97

```
F X P L F D R P O H C R T E C N W Z J S
U Z W F O O E R E H C R A M C T C L Y A
R Y H A R Z Q É F J P A Y C H Q O S H T
V Z Y W M W T F I T C A L B W H N Z Z J
L J K G A Q G È L T L D D X Q P T U T I
R S Z E T Ê R R A G M G K R G T I V M M
B E X W I L T E C R O I R E A Q N O W P
X F O W O F Q N J H O H R T W B U T F O
G Y H F N O M T T R O U P E A U E R O R
T M C A C S Q O T O B N W J A K R E C T
C O E U R S G U N C O N C E V O I R F E
R P C F U É B W F T S D O R X L W Y U R
Z O N G F H D T W C E Y C C I U R H I H
T U E K O J B K M W H R K X O S H R T D
N H I T F V C A U M H S Y O K A V H E D
Q L C F U M É E V I T U C É S N O C J P
M V S S K W J Z O F U L E G K N C Y S J
T X U S N I W J C G O R F T X U Y N K G
```

VOTRE	FOSSÉ
COEUR	LAC
FUITE	ACTIF
FUMÉE	TROUPEAU
ARRÊTEZ	IMPORTER
MARCHER	FORMATION
PRÉFÈRENT	CROIRE
CONSÉCUTIVE	SCIENCE
REJETER	MONTER
CONTINUER	CONCEVOIR

Puzzle 98

```
C C Y C B M D R A P O É L H T E R U F X
Z R O U W T N E M E S U E N G I O S O P
I J A M I D A L X L V R L K U G S E L O
T K I Y P P T Y F B H S A K R M É I K U
P L B B O R S T N A H C S T S Y E U L C
T Ê R É T N I S J D L K R Z E H H L O E
A K E M M O S S B I O O E V X M Q P R M
A O C Q M V E O M M H H V G X I H J E E
W H N Y J H O D B R P V S G D W V P D V
P A E E B M N C G O W M N W Z A C C T F
K Y M P N G E M H F L P A X A Y K Q M S
D C M S H E C K O A T S R E H C R E H C
N U O R D A M S U M N Y T M X Z P O K O
T M C O N I M V E K H T W A J M A H N V
V T K U I O K H S L L E E O S O N H S L
Q V G K B Y G V T E M I Z R Y E K E T U
A T K X E G W A R W O H M C U O Q R P L
S L N M K X Y M N Z E O V S H Y A S R Z
```

STYLE	PLUIES
FORMIDABLE	ROSÉE
COMMENCER	CHANTER
FURET	CRAYONS
COMPRIS	STAND
LÉOPARD	INTÉRÊT
POUCE	CHANT
FOLKLORE	SOIGNEUSEMENT
SOMME	OUEST
CHERCHER	TRANSVERSALE

Puzzle 99

```
C G Y O T H R Z B Z Q D B S D Y C Q Q N
A Q J I R D E V I N E R F Q K G U K H I
D E N S E T H Q P I L E N Q K U I U L N
B O T B D B C K E V I P B V R O S S U E
O T X I B O A U Q X M I L G Q H I F V N
S É C U R I T É T O C C I T X N E N N
I U W G E Z T S G Y Z I A R T S E B B U
Q Q W L I K A U Z G X T N I E R T É A Y
W I O R F V U W C F B R C M J M A R N E
P L K Z I E H O V K Y A N L M X G P D R
Y P H E R B M O N E D P C W B P V N E C
K M X A É W W O K Z T E R R I B L E S K
S I B M V M F R K N E D É J E U N E R X
B A G J W Q M D E V R A I T G T Y J G E
Q Z U P M C X Y J B Q W B E V N M V Z L
R I D V O O E F T K T D Y E E O U B W A
D T M E E V K J H S U Y U Y Y X O V M L
B I W E N R P Y S R X Q B M P U V R E E
```

ONZE	NOMBRE
IMPLIQUÉ	MERCI
CUISINE	PARTICIPER
ENNUYER	BANDE
DÉJEUNER	USÉ
ATTACHER	DENSE
VÉRIFIER	VIN
TERRIBLE	DEVRAIT
SÉCURITÉ	SAUVER
DEVINER	ÉTREINT

Puzzle 100

P F H P L O M B T E N D U E N V E R B G
M R E I S I M E H C W G I C Y H D Y J M
H E O A F Q I F V U Y K J G N O J Q N P
B R E P A R T T A C H E V E U X U T I Y
B É L X R G H F U G G H V X A L I A Q F
P G P J I I W C W D Q T U T I T O X P S
Y C U D K S É B A A N S C N I M C A P W
J L O K W F T T C Y Q N L B Y N T Y I H
N G C X G E R E É P I I K T P H G R S S
W E L F W S O D R F L E X I B L E A F U
N P Z P F L P A I E N I R A F O R A F P
T S Q F W I S L B D U A H C N V È I I I
G U I F I M R A P Q P O N C L U I G S L
Q R Ê V E O Z M I S F K J B G B S B Z A
F Z O D I N X R W D É S O L É L S G V R
K O T A X A U V N A F O W S U P U X G B
F S I E L D P Z Z C X O V Z K E O R I Q
R B J H G E M A A K R K N H U Q P K B C

PLOMB	ATTRAPER
MALADE	LIMONADE
GÉRER	CHEMISIER
FARINE	CHEVEUX
PARMI	COUPLE
SPORT	PROPRIÉTÉ
EXISTER	POUSSIÈRE
TENDUE	CHAUD
DÉSOLÉ	JOUER
RÊVE	FLEXIBLE

Puzzle 1

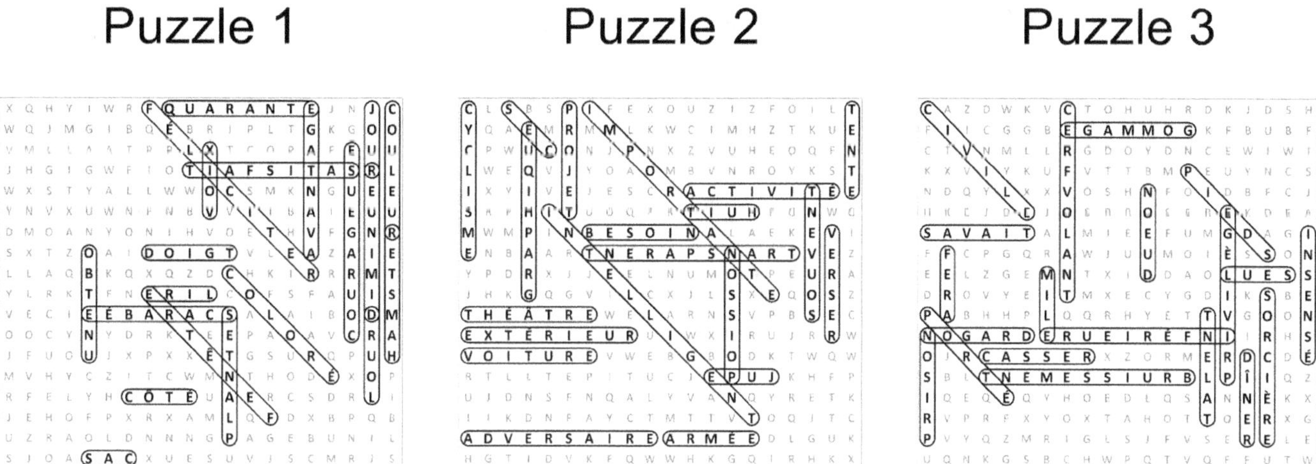

Puzzle 2

Puzzle 3

Puzzle 4

Puzzle 5

Puzzle 6

Puzzle 7

Puzzle 8

Puzzle 9

Puzzle 10

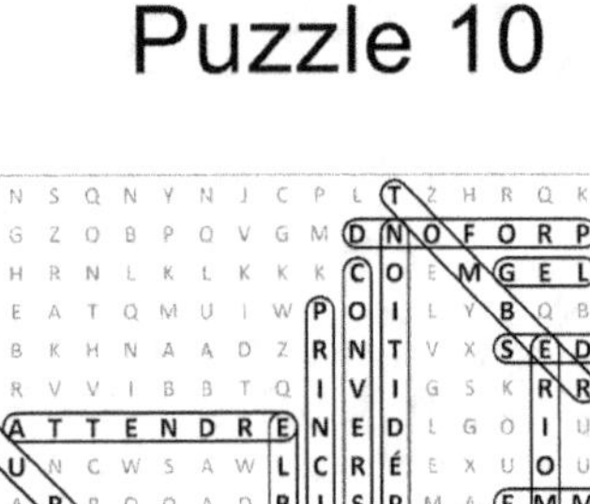

Puzzle 11

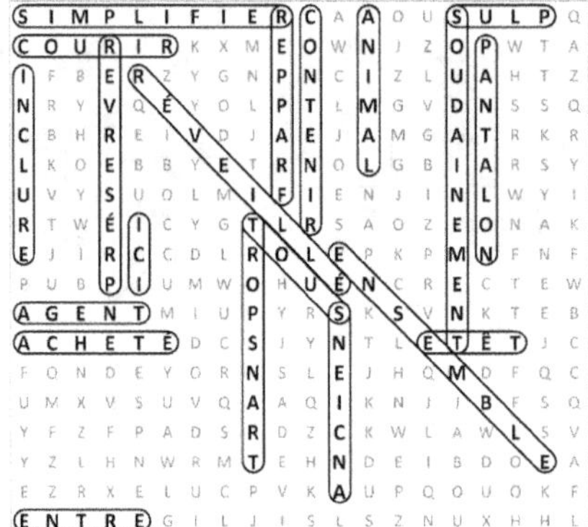

Puzzle 12

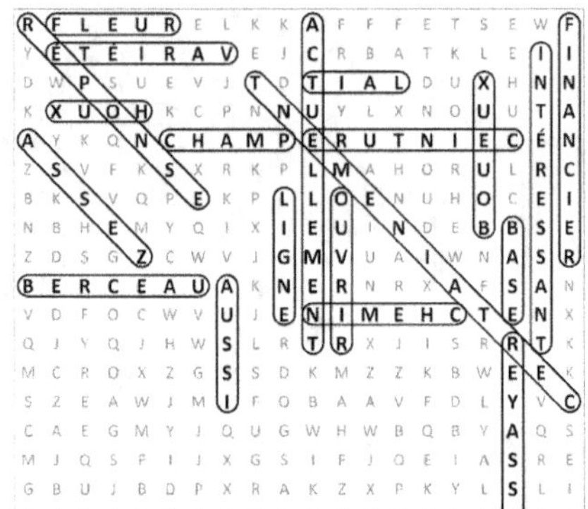

Puzzle 13

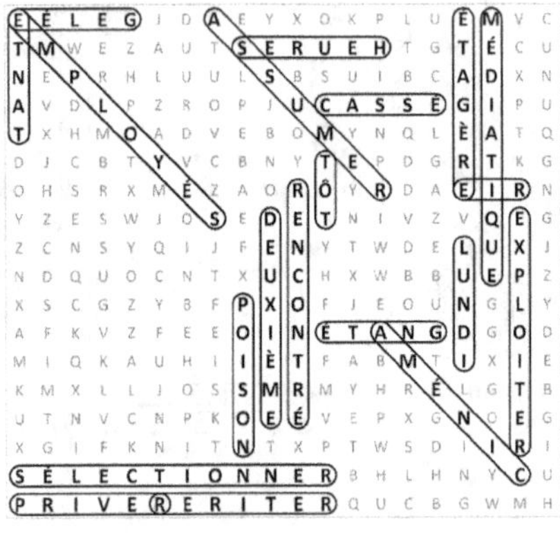

Puzzle 14

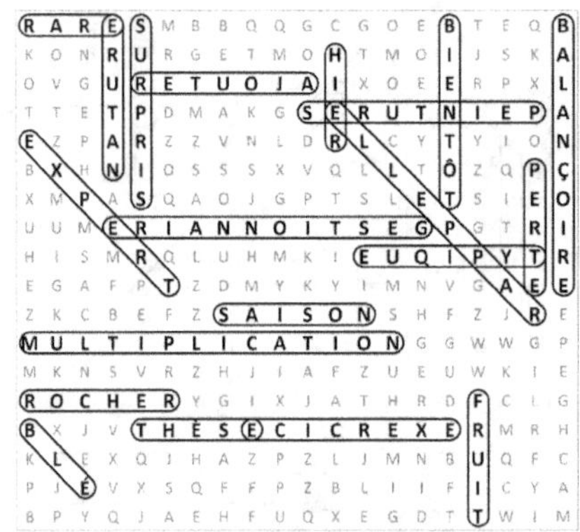

Puzzle 15

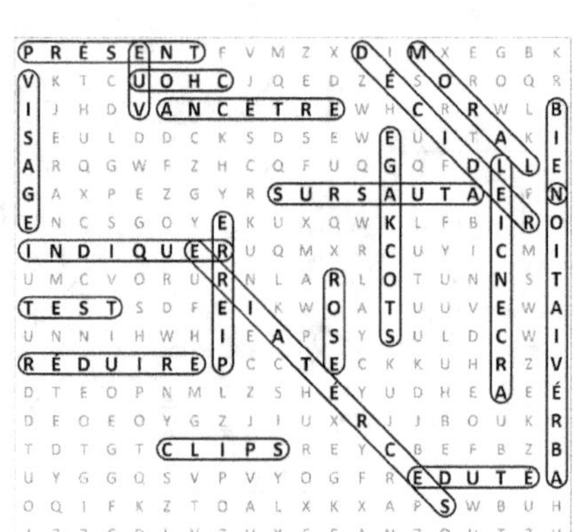

Puzzle 16

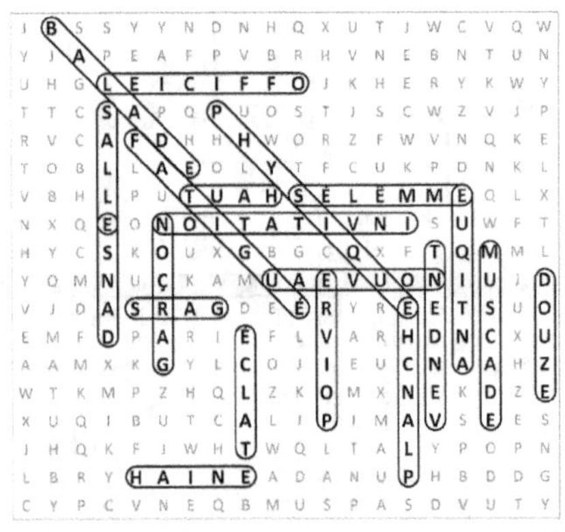

Puzzle 17

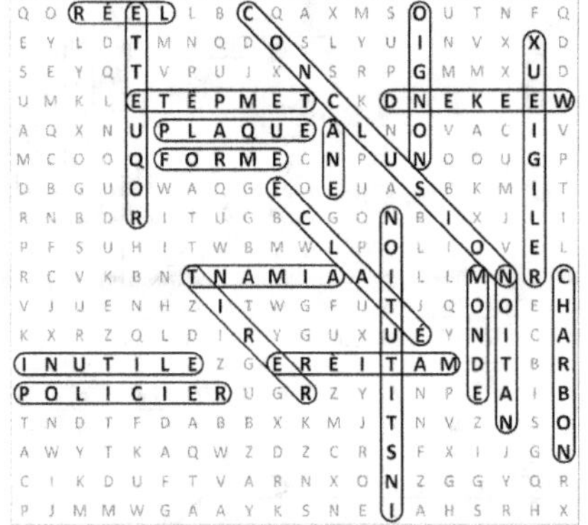

Puzzle 18

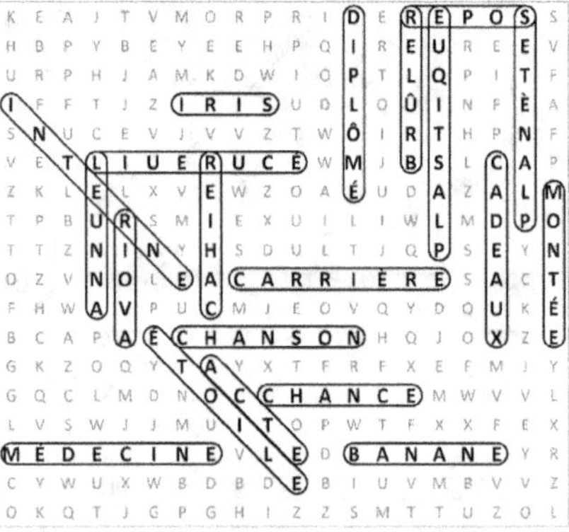

Puzzle 19

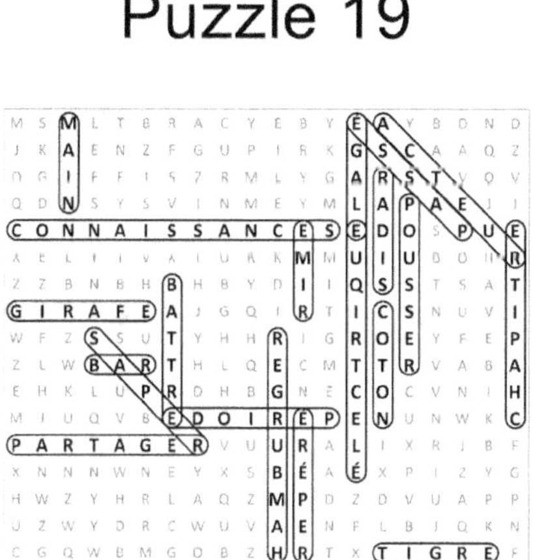

Puzzle 20

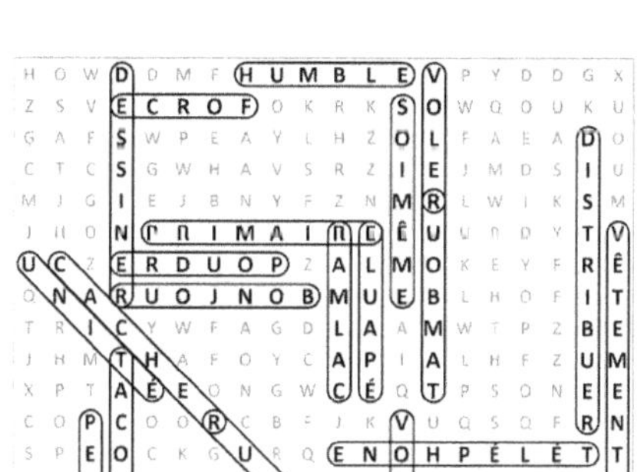

Puzzle 21

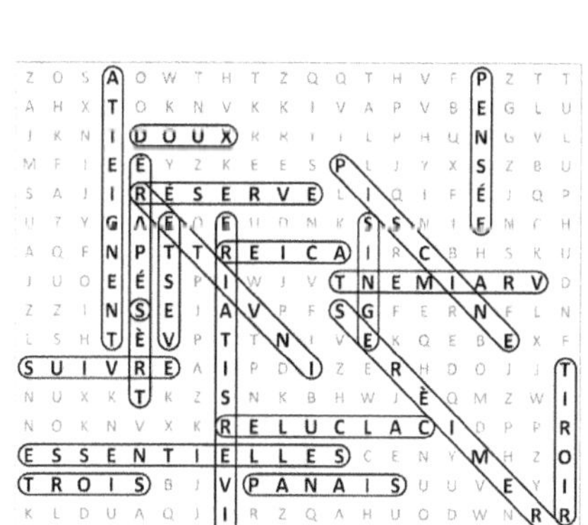

Puzzle 22

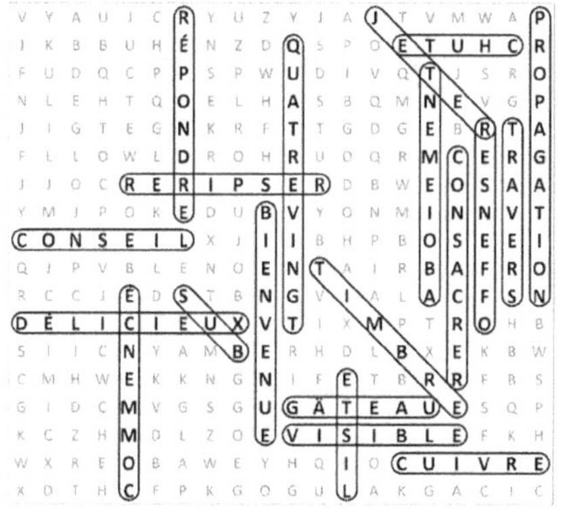

Puzzle 23

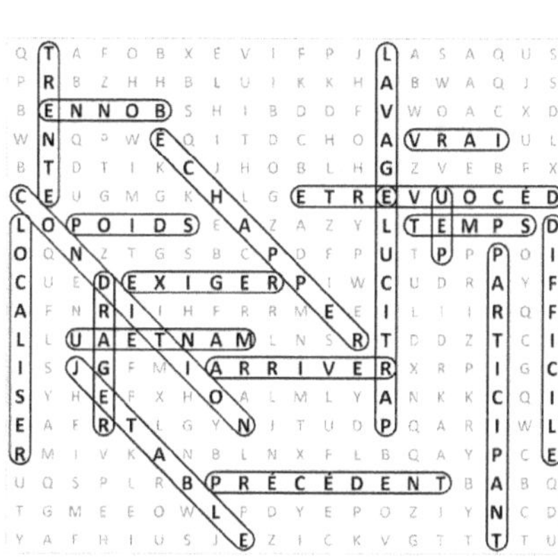

Puzzle 24

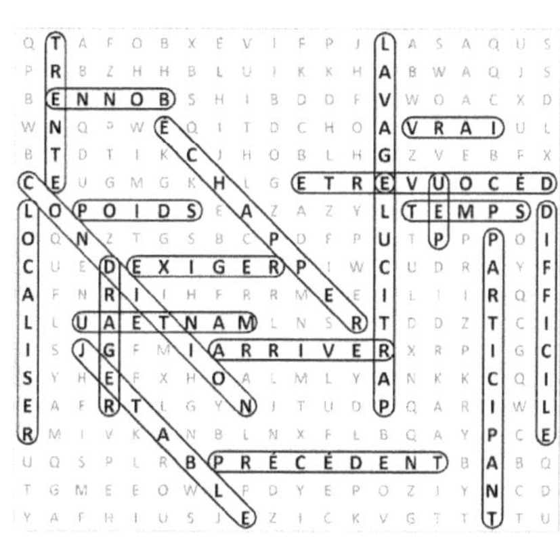

Puzzle 25

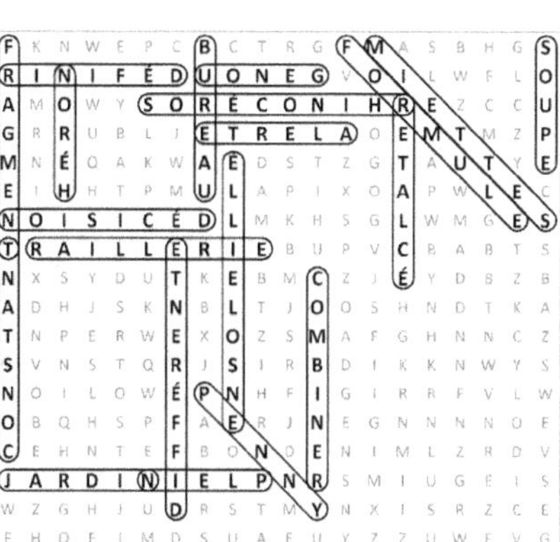

Puzzle 26

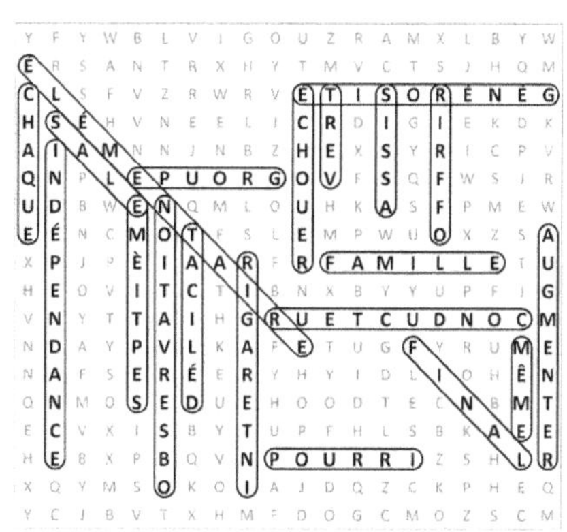

Puzzle 27

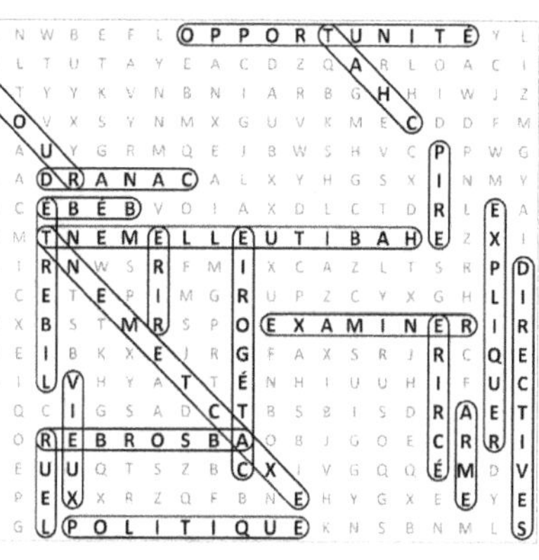

Puzzle 28

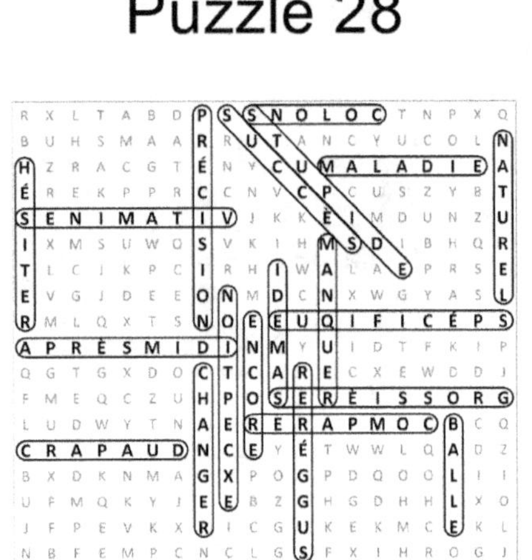

Puzzle 29

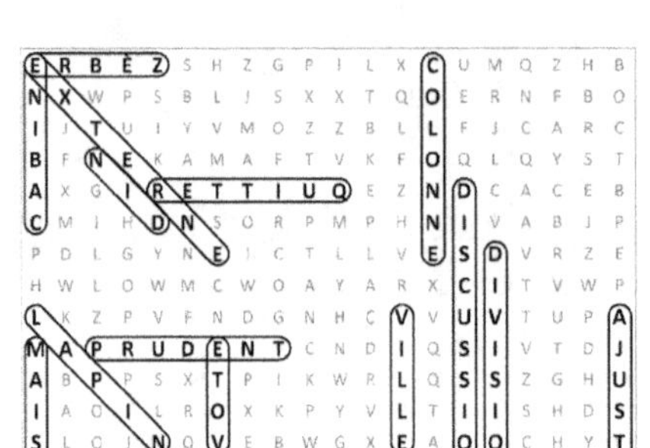

Puzzle 30

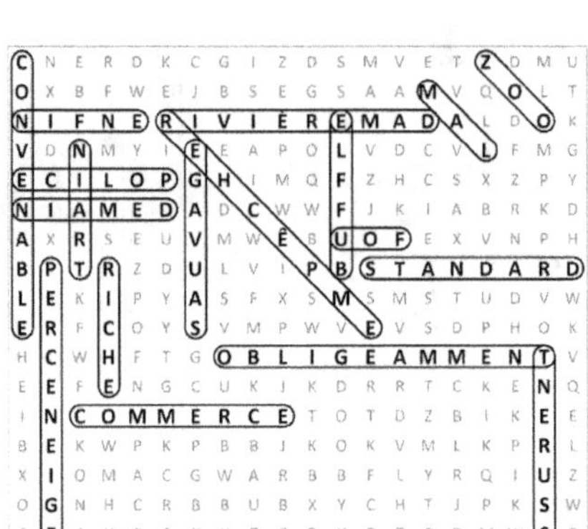

Puzzle 31

Puzzle 32

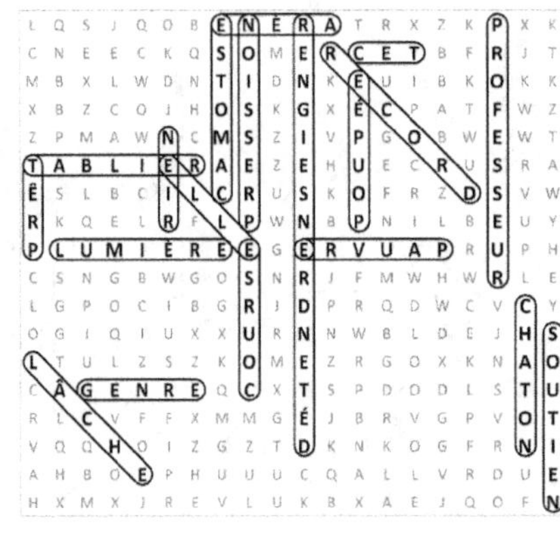

Puzzle 33

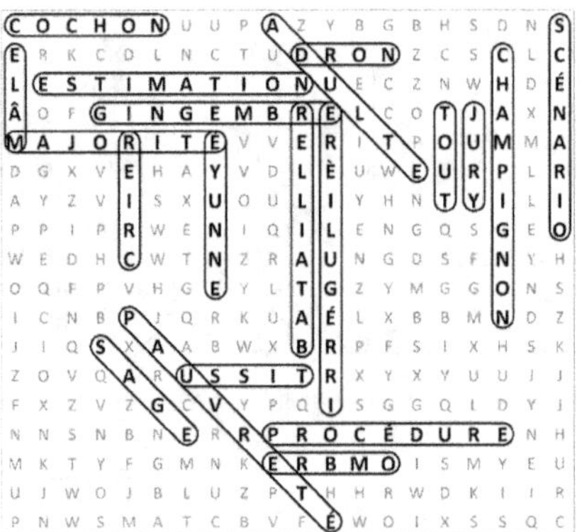

Puzzle 34

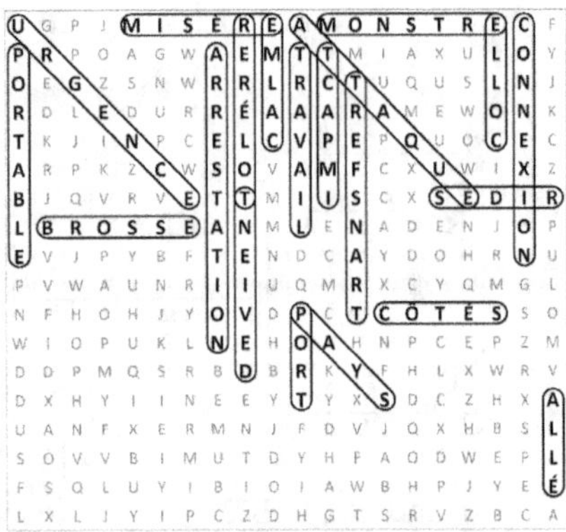

Puzzle 35

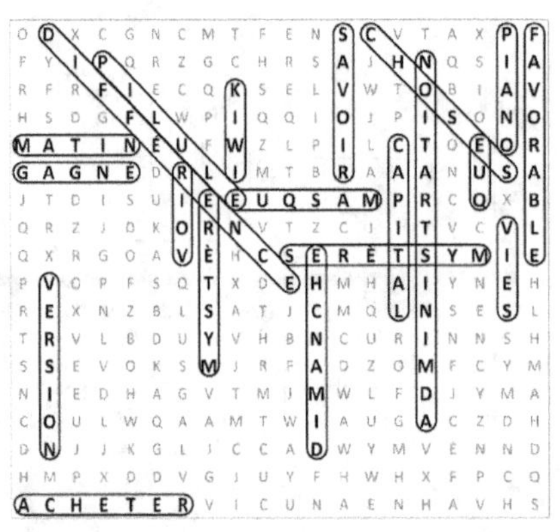

Puzzle 36

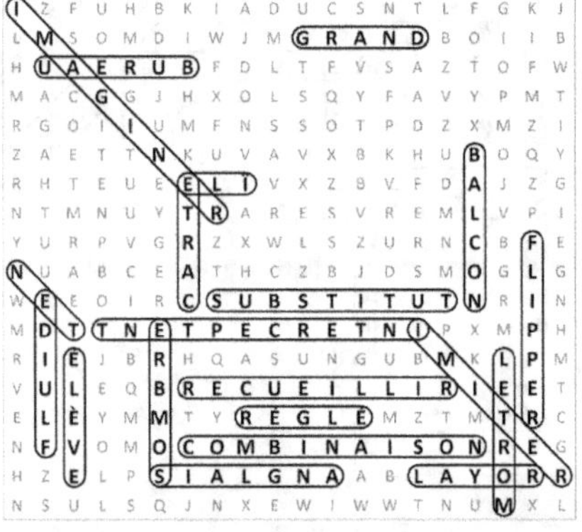

Puzzle 37

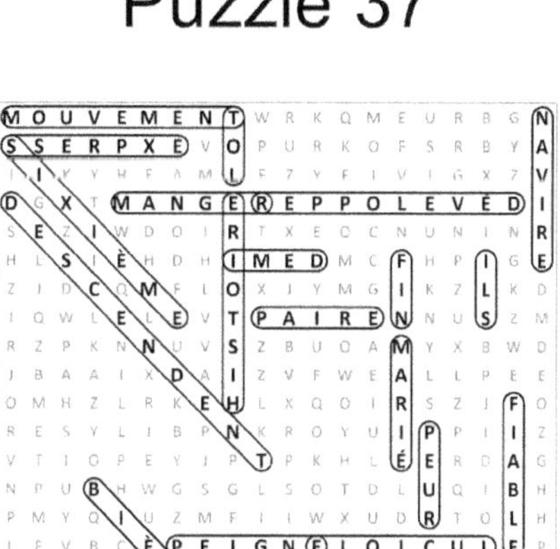

Puzzle 38

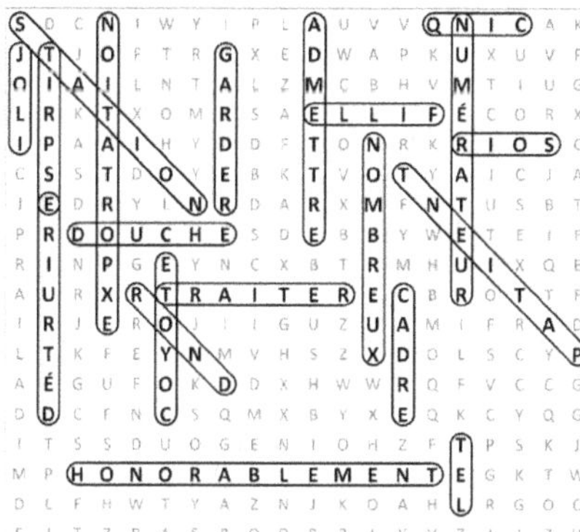

Puzzle 39

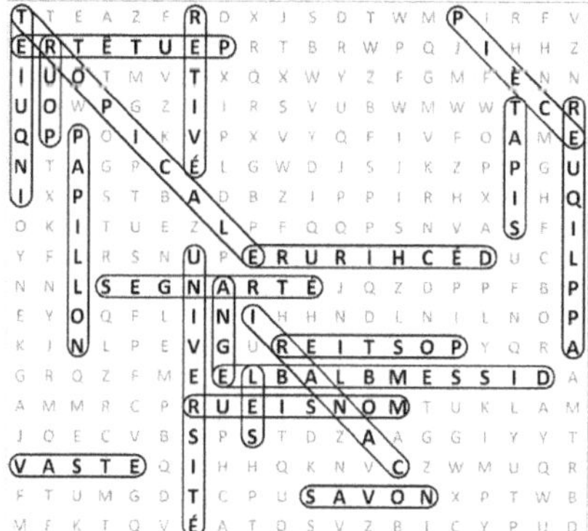

Puzzle 40

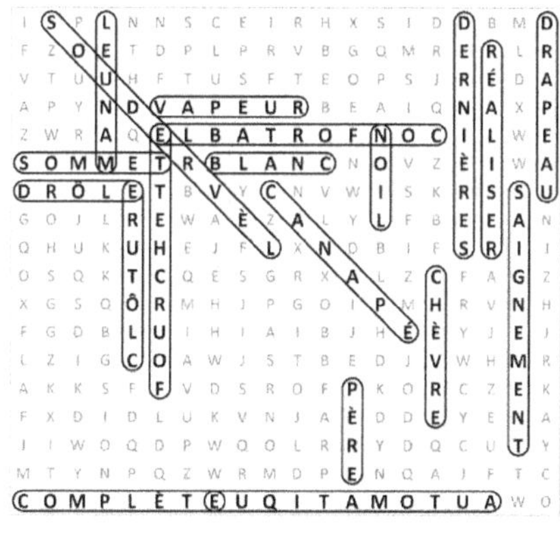

Puzzle 41

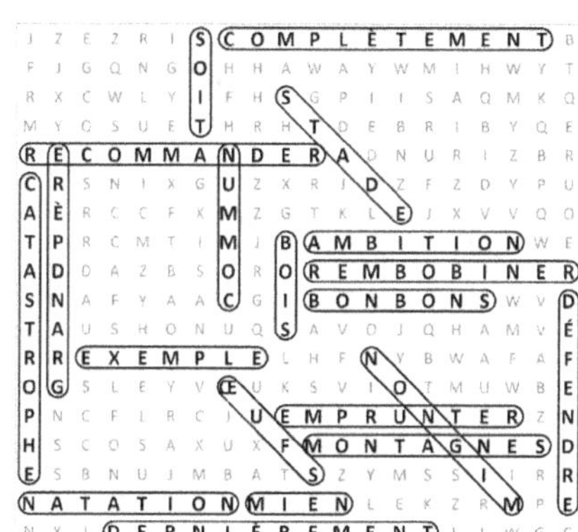

Puzzle 42

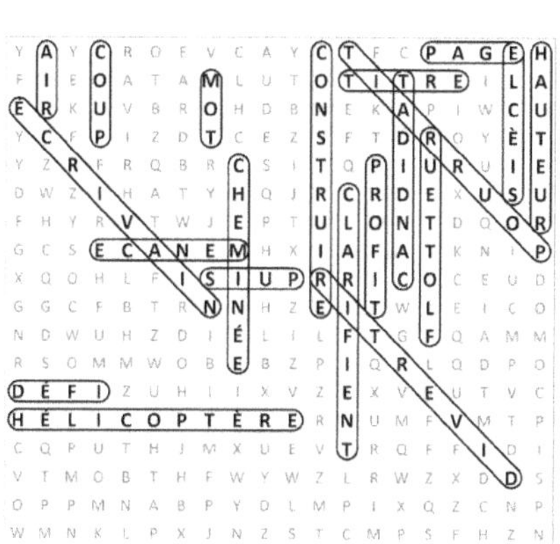

Puzzle 43

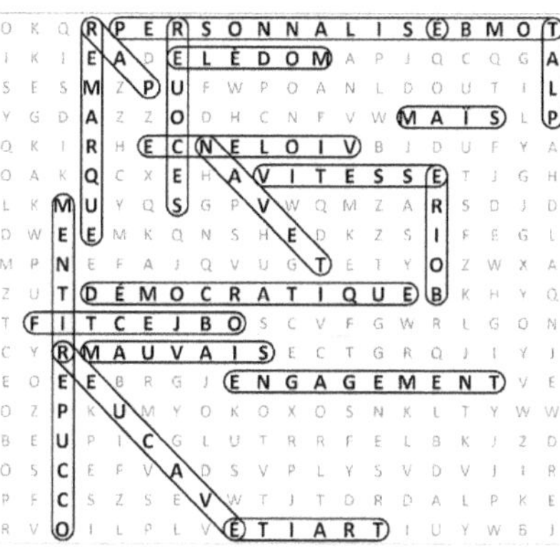

Puzzle 44

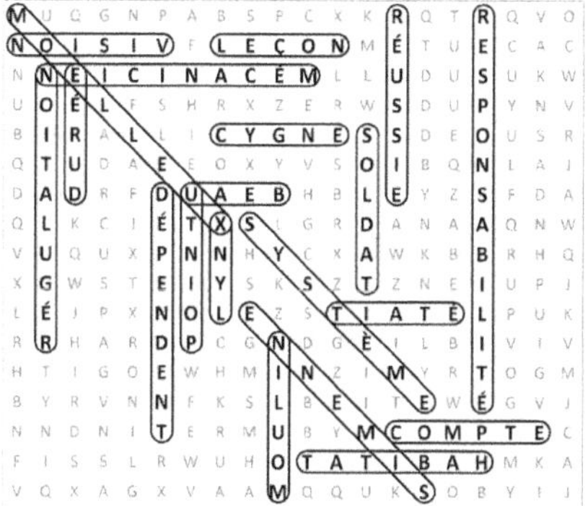

Puzzle 45

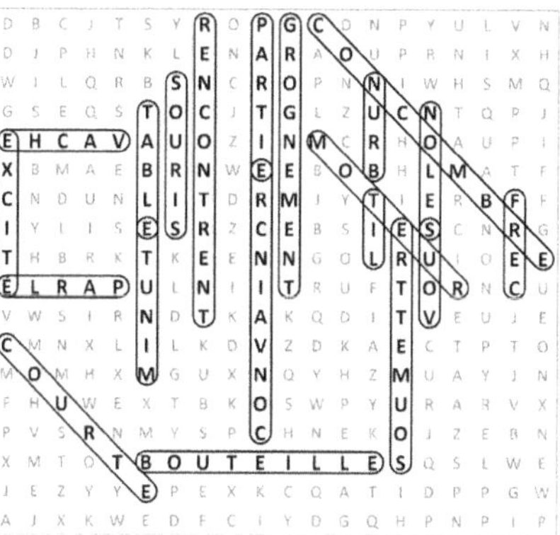

Puzzle 46

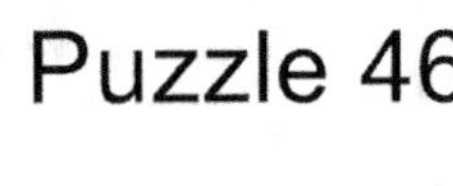
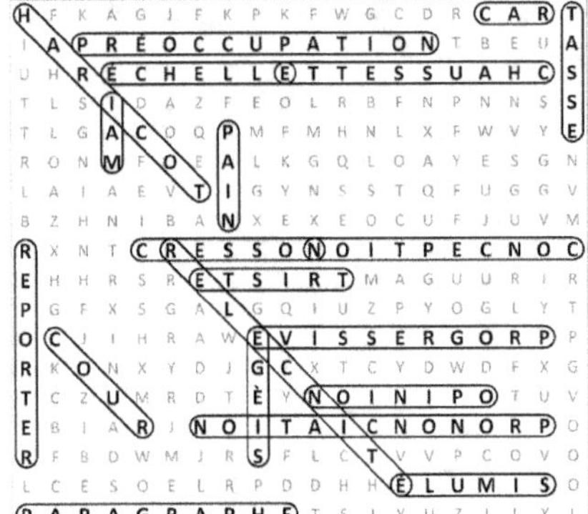

Puzzle 47

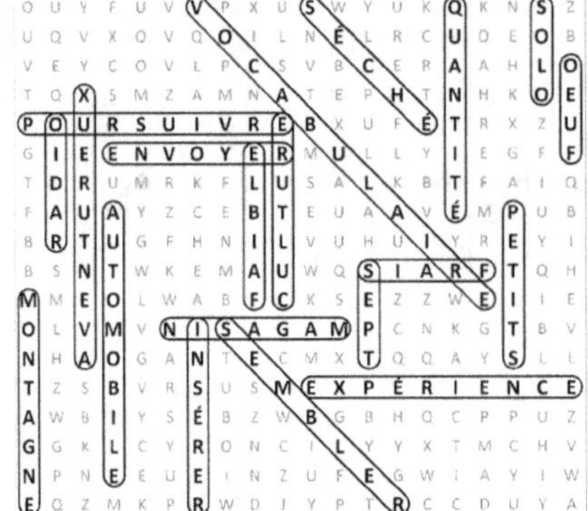

Puzzle 48

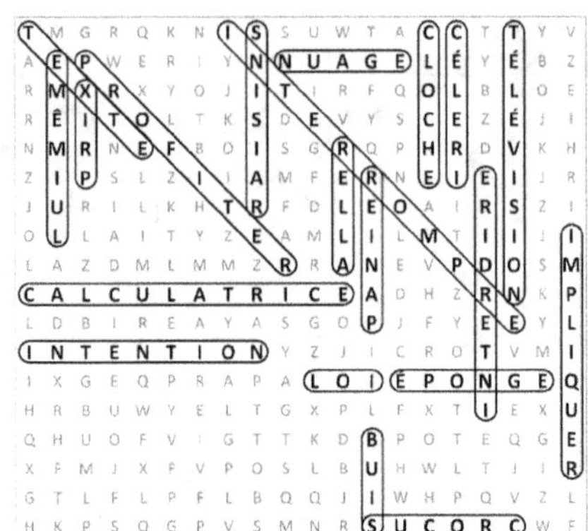

Puzzle 49

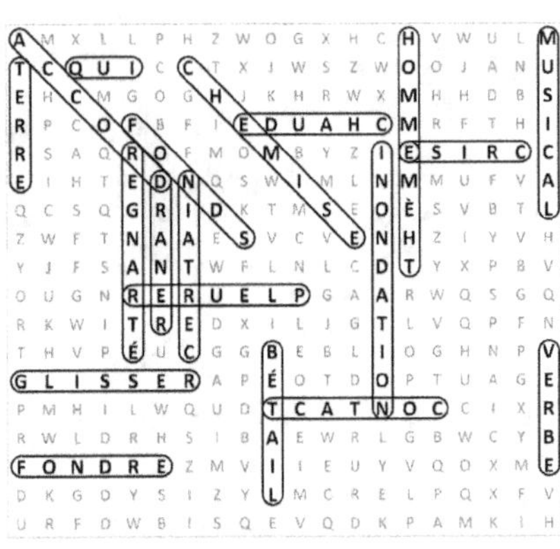

Puzzle 50

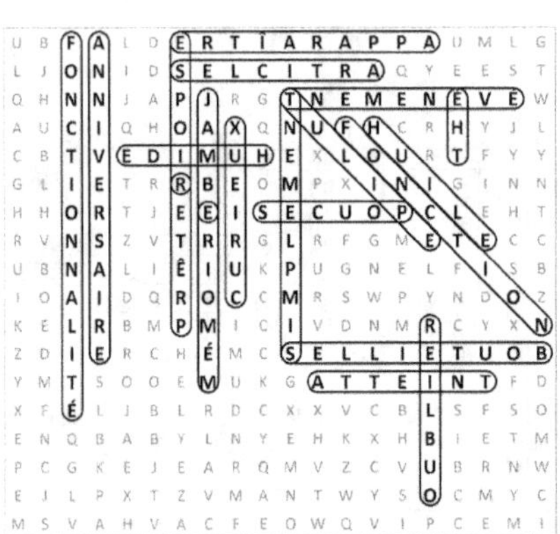

Puzzle 51

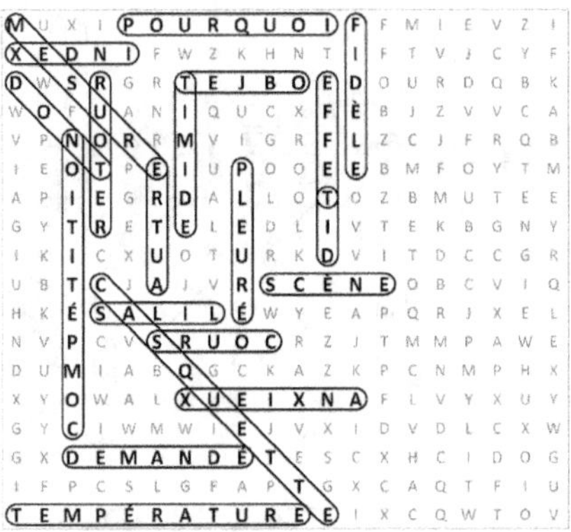

Puzzle 52

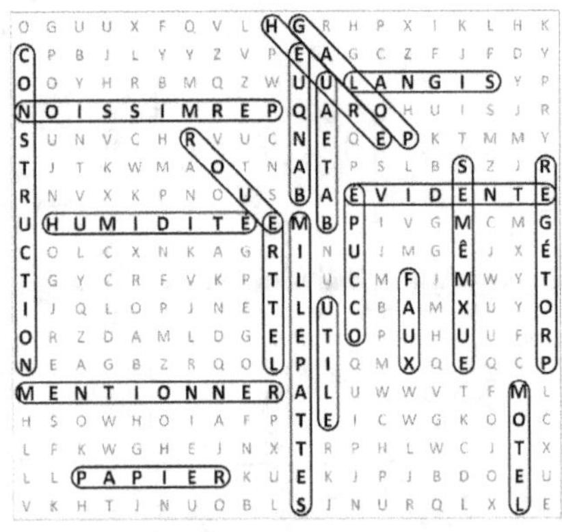

Puzzle 53

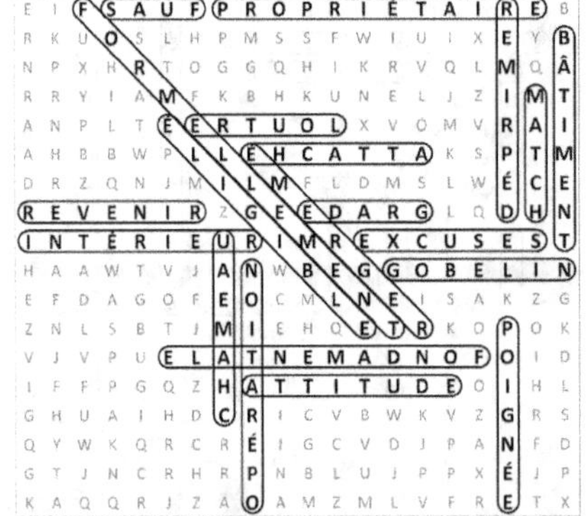

Puzzle 54

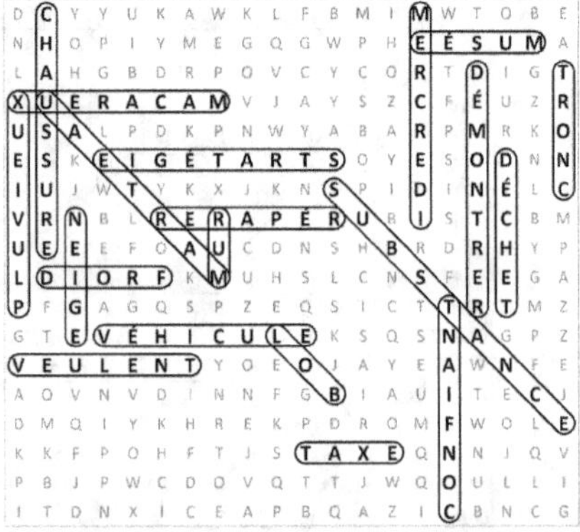

Puzzle 55

Puzzle 56

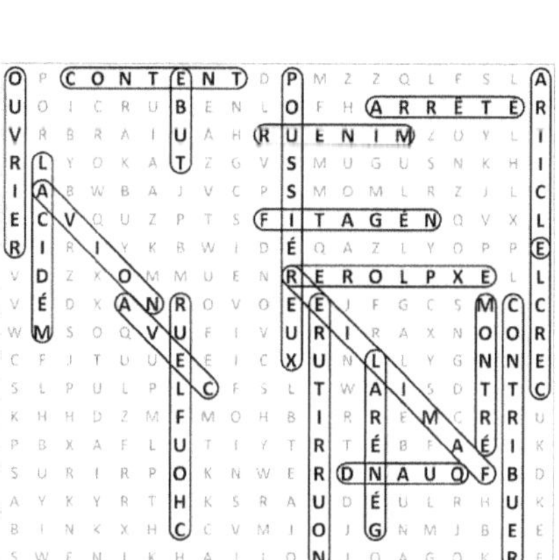

Puzzle 57

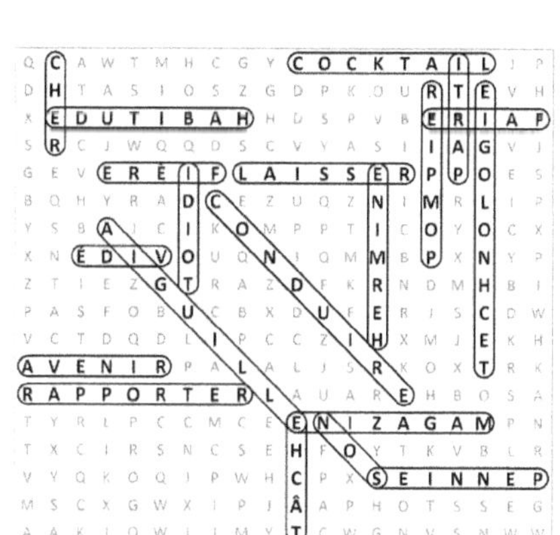

Puzzle 58

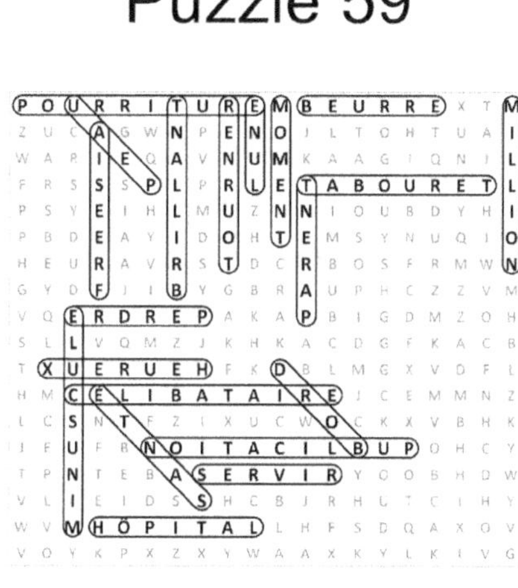

Puzzle 59

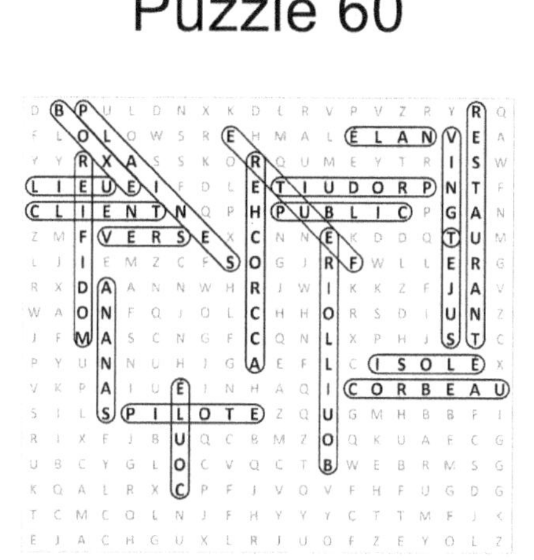

Puzzle 60

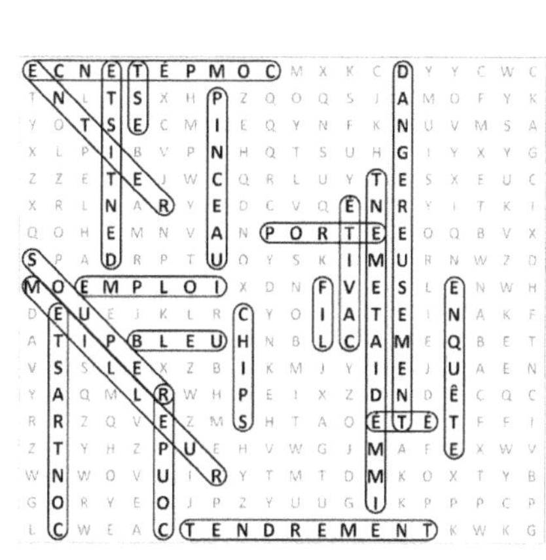

Puzzle 61

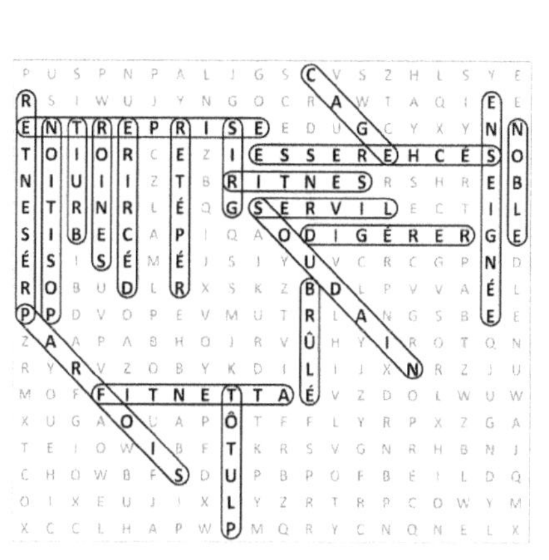

Puzzle 62

Puzzle 63

Puzzle 64

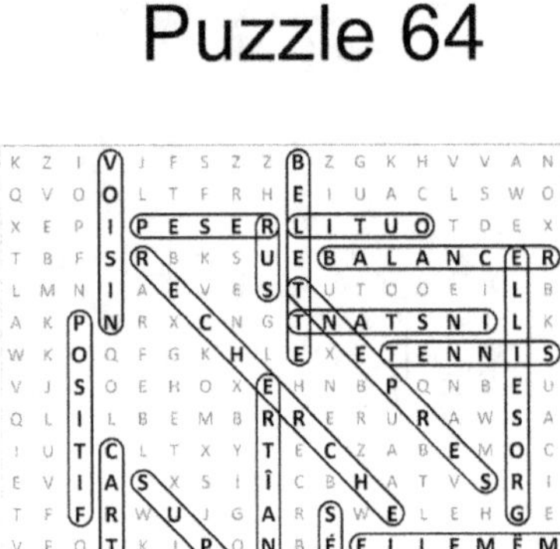

Puzzle 65

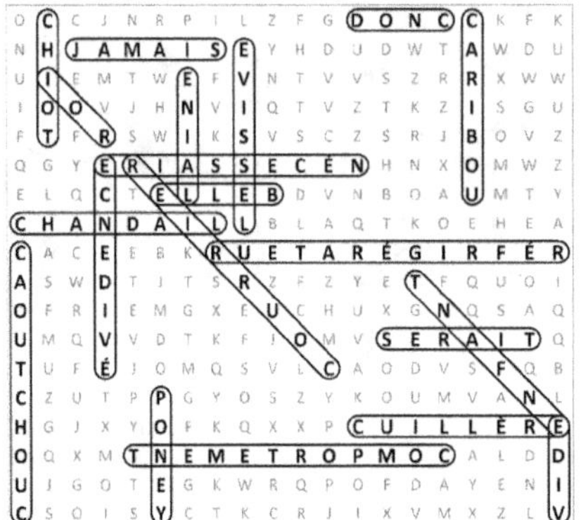

Puzzle 66

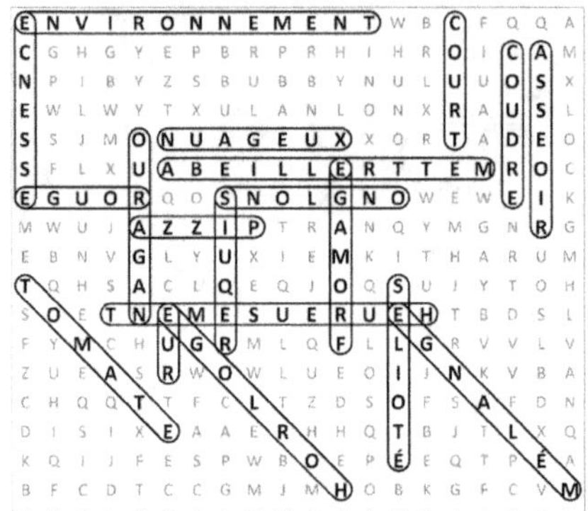

Puzzle 67

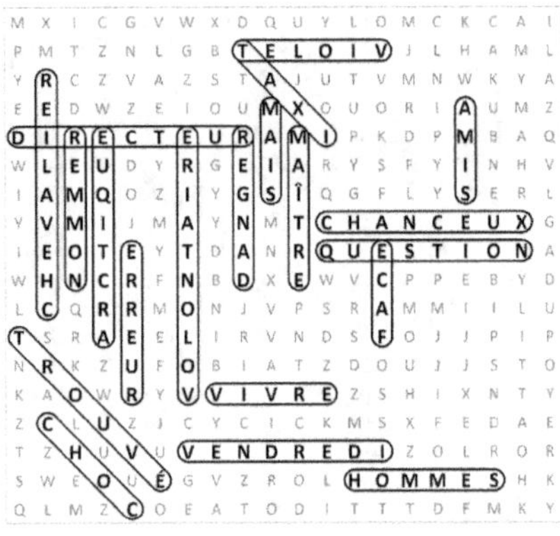

Puzzle 68

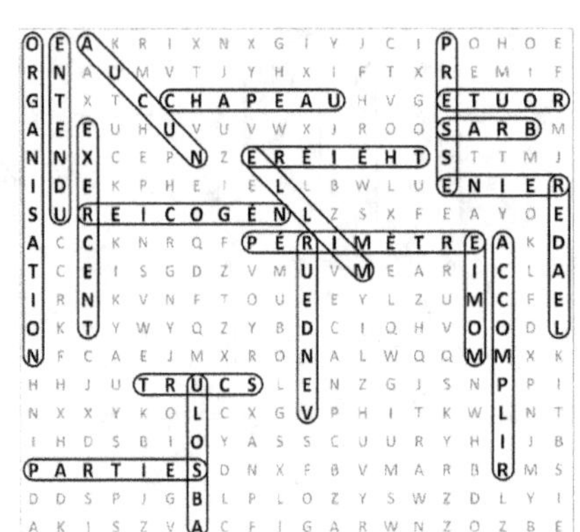

Puzzle 69

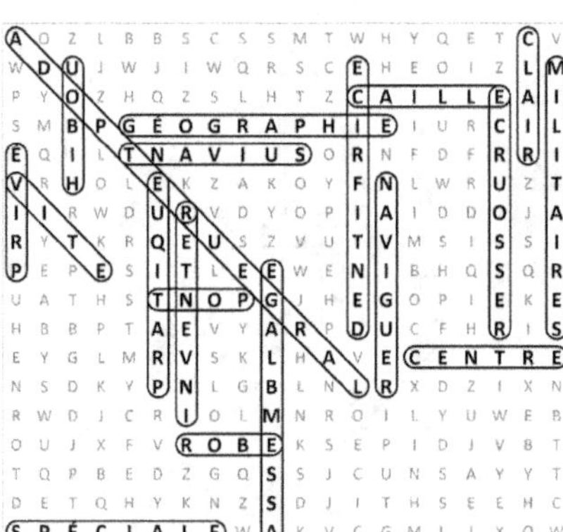

Puzzle 70

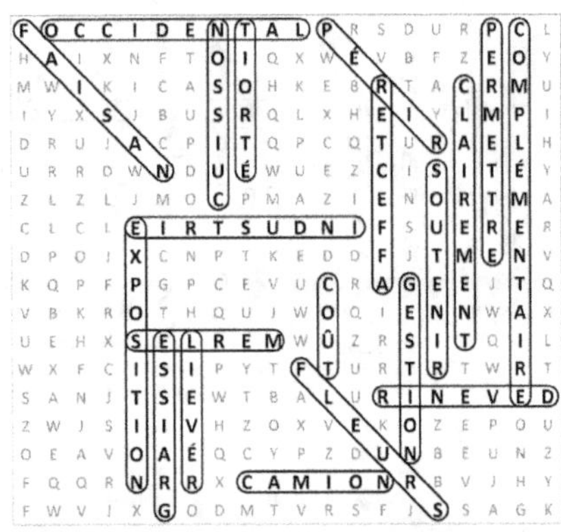

Puzzle 71

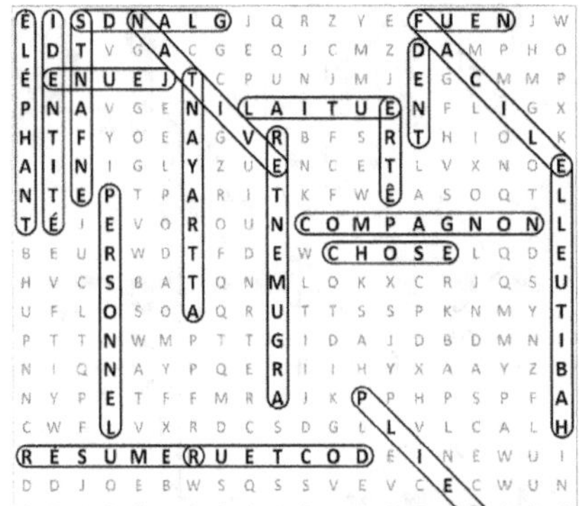

Puzzle 72

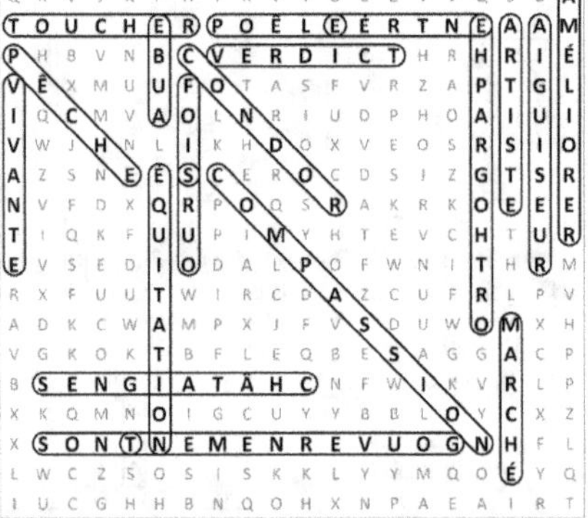

Puzzle 73

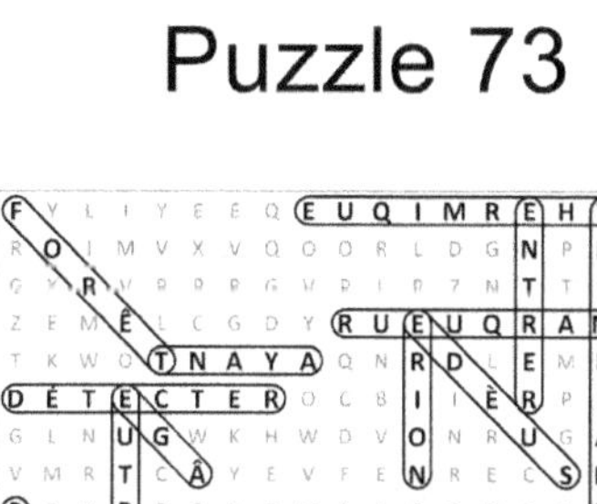

Puzzle 74

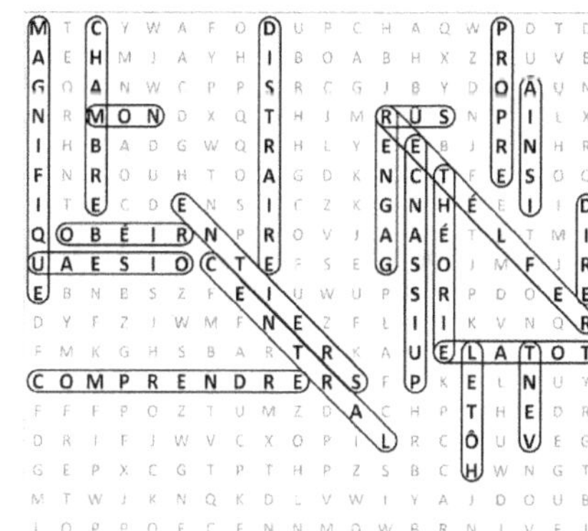

Puzzle 75

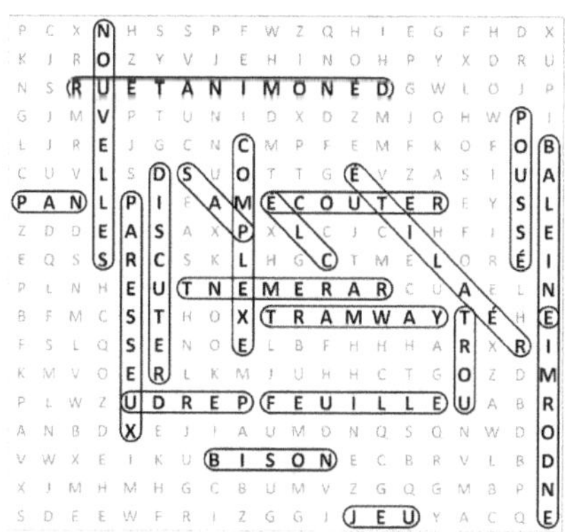

Puzzle 76

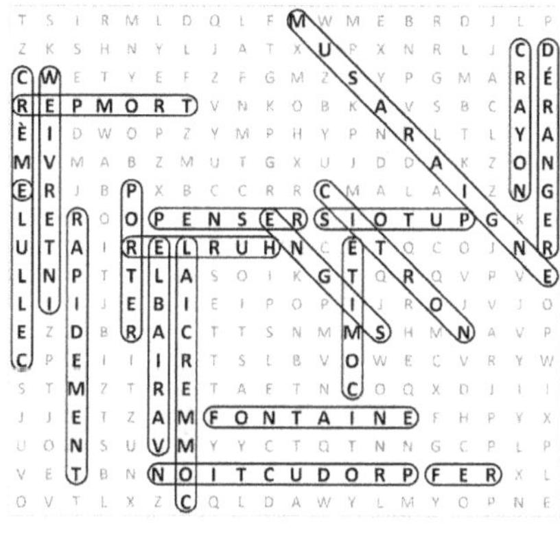

Puzzle 77

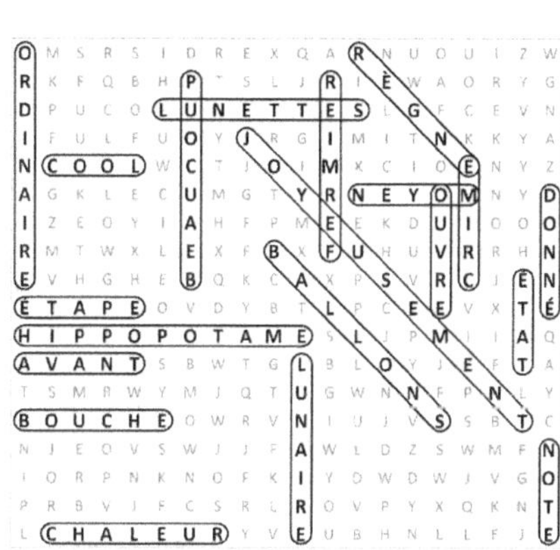

Puzzle 78

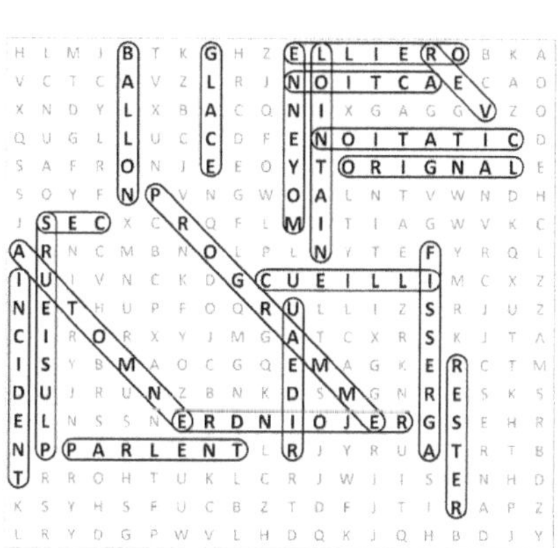

Puzzle 79

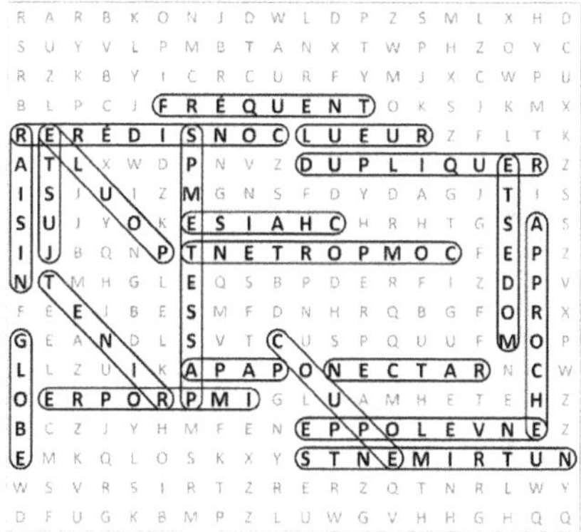

Puzzle 80

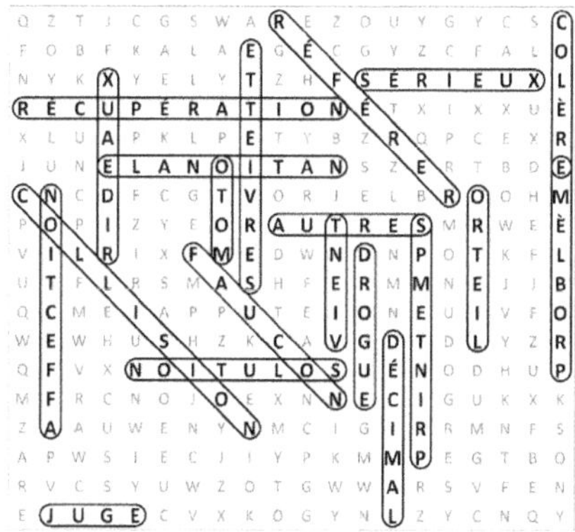

Puzzle 81

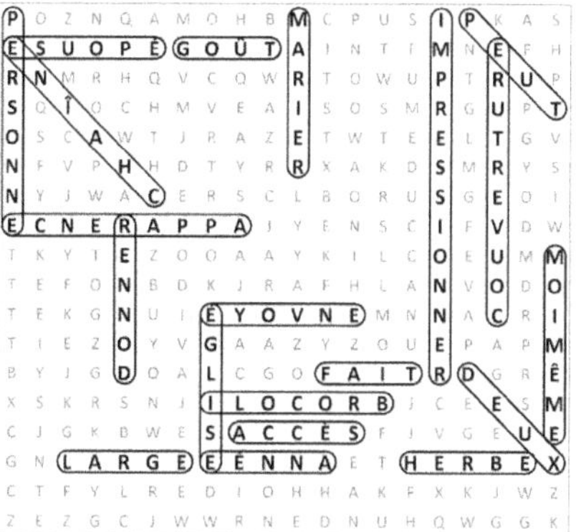

Puzzle 82

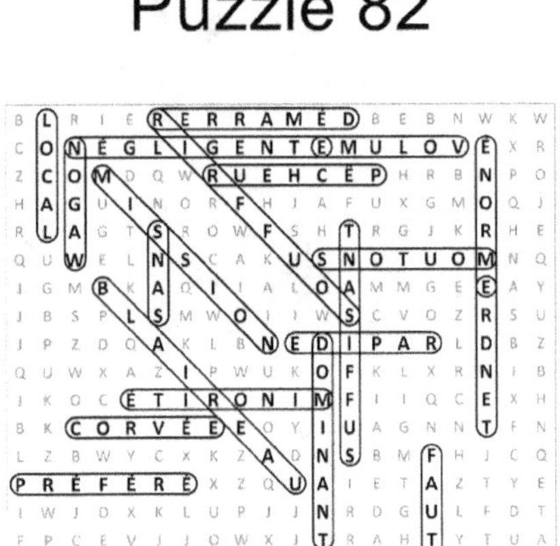

Puzzle 83

Puzzle 84

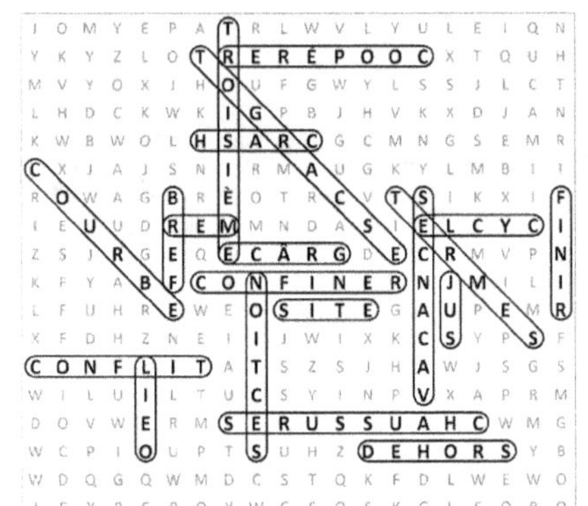

Puzzle 85

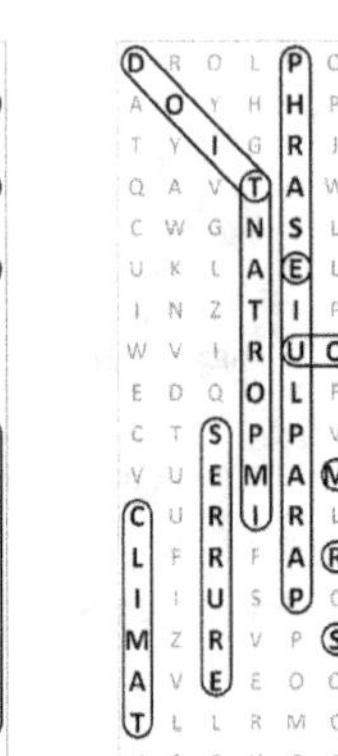

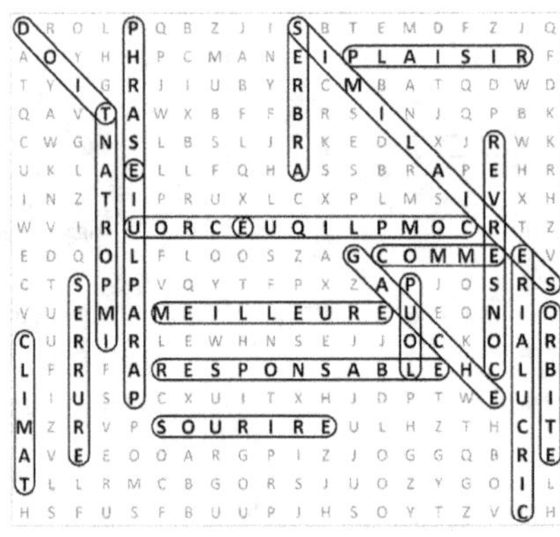

Puzzle 86

Puzzle 87

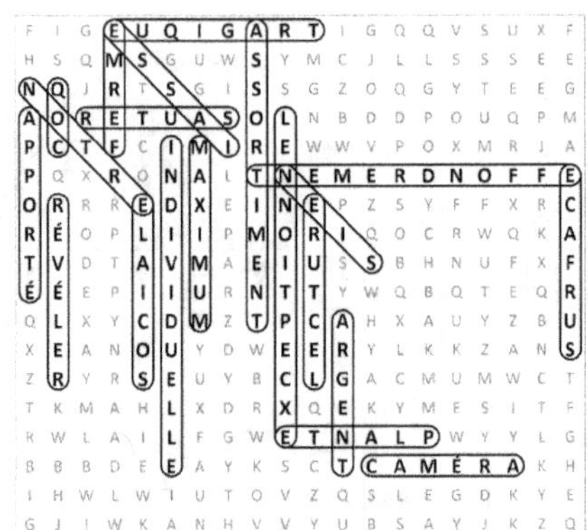

Puzzle 88

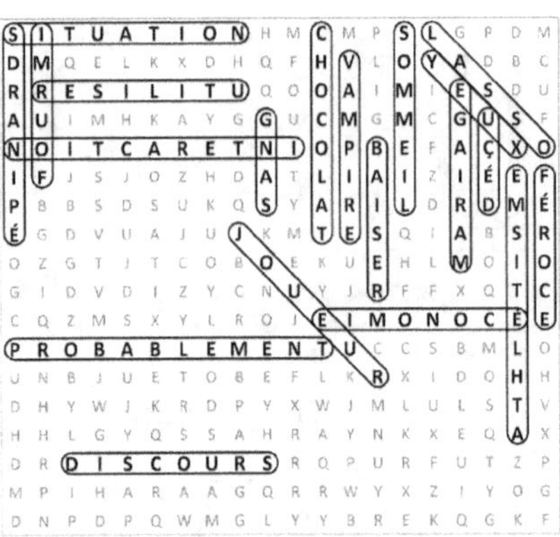

Puzzle 89

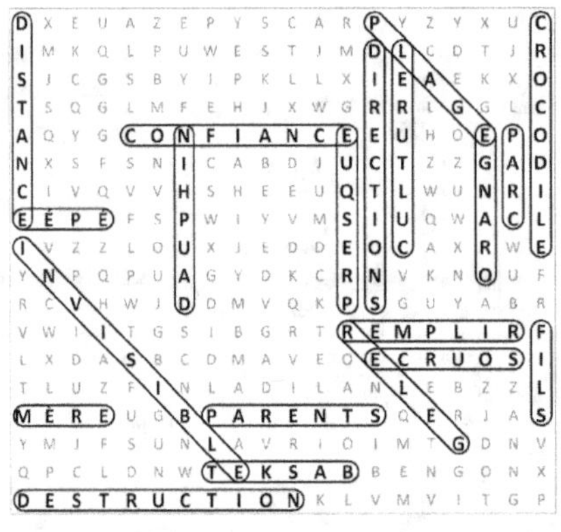

Puzzle 90

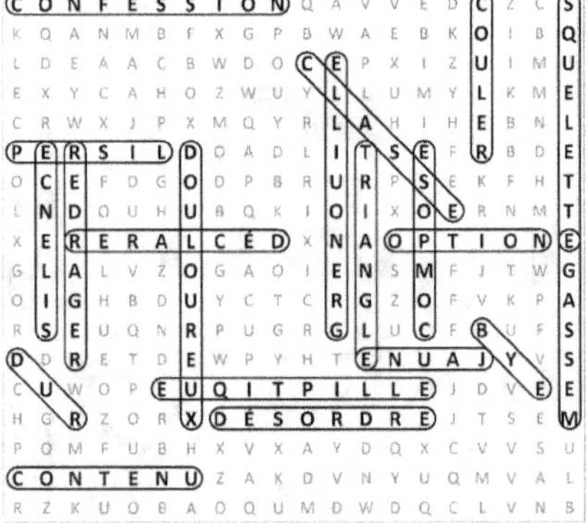

Puzzle 91

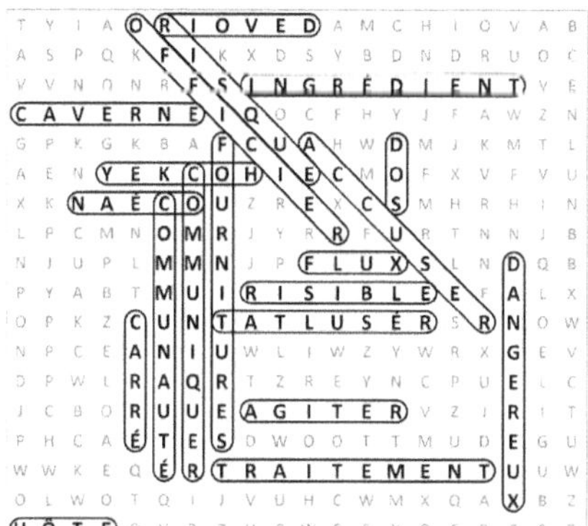

Puzzle 92

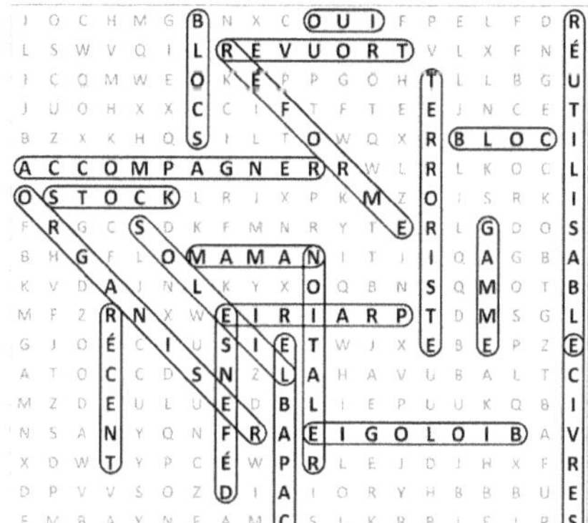

Puzzle 93

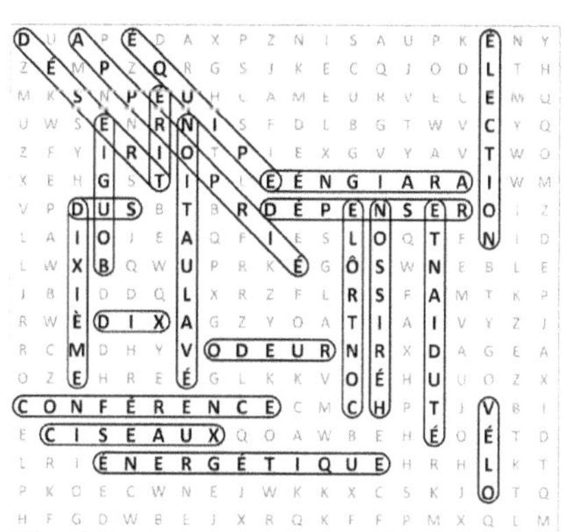

Puzzle 94

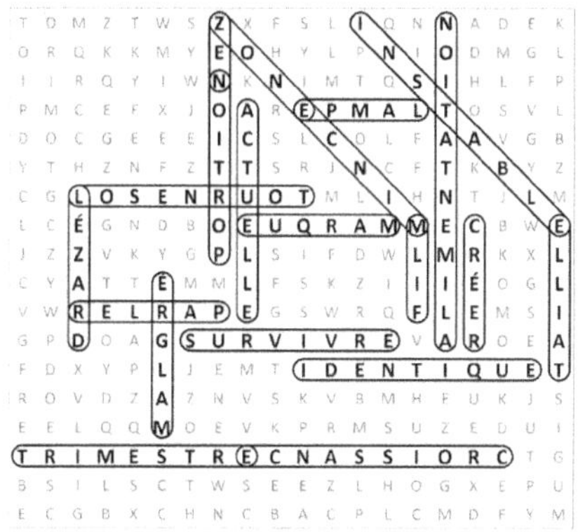

Puzzle 95

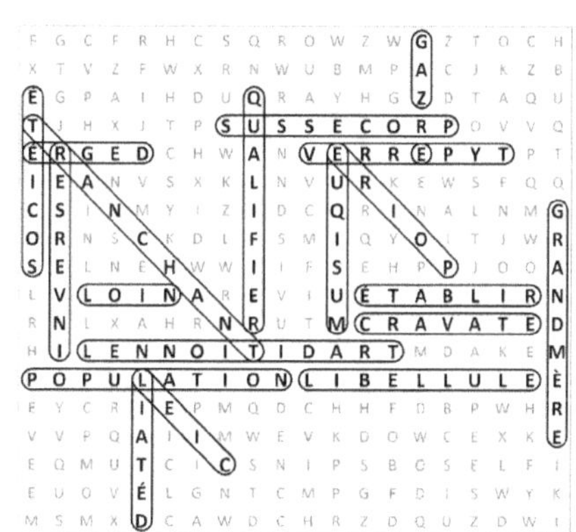

Puzzle 96

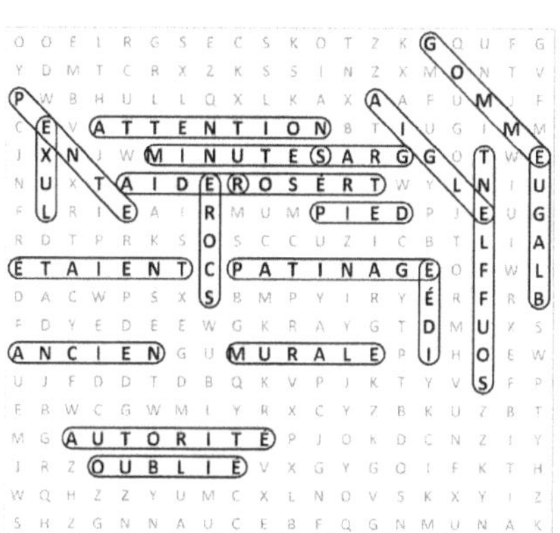

Puzzle 97

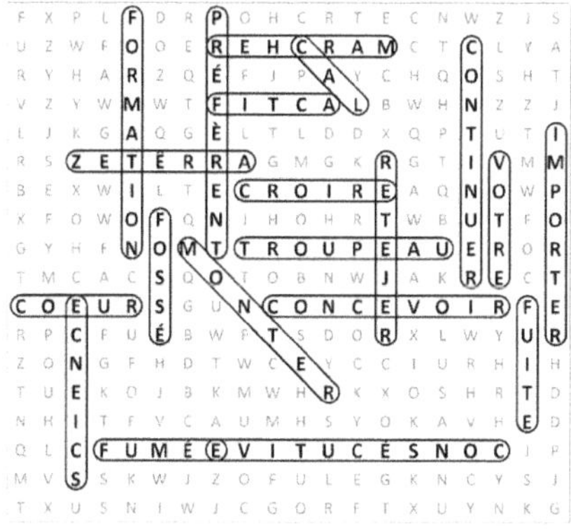

Puzzle 98

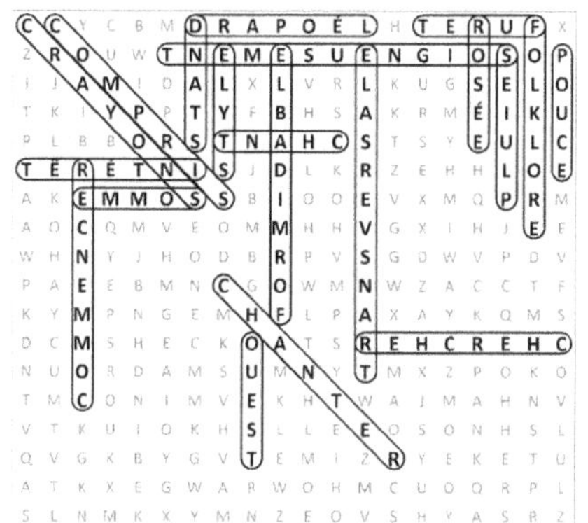

Puzzle 99

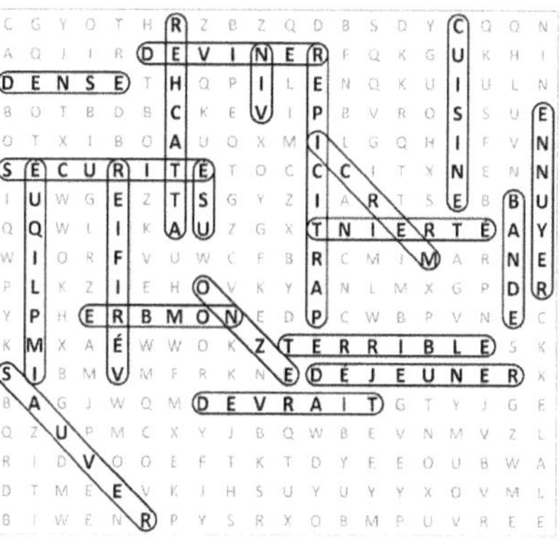

Puzzle 100

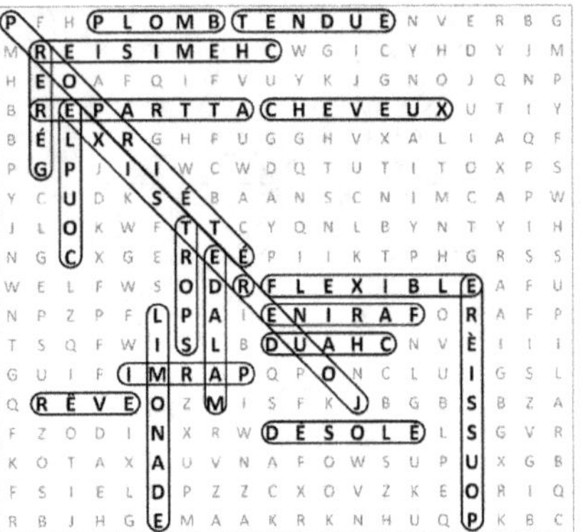

Congratulations

You made it!

We hope you enjoyed this book as much as we enjoyed making it. We do our best to make high quality games.

These puzzles are designed in a clever way to actively spark the brain and make it sharp and quick!
Did you love them?

A Simple Request

Our books exist thanks to the reviews you post on Amazon. Could you help us by leaving a review now?

Here is a short link which will take you to your Amazon orders review page.

BestBooksActivity.com/Review50

MONSTER CHALLENGE!

Challenge #1

Ready for Your Bonus Game? We use them all the time but they are not so easy to find. Here are **Synonyms**!

Note 5 words you discovered in each of the Puzzles noted below (#21, #36, #76) and try to find 2 synonyms for each word.

Note 5 Words from *Puzzle 21*

Words	Synonym 1	Synonym 2

Note 5 Words from *Puzzle 36*

Words	Synonym 1	Synonym 2

Note 5 Words from *Puzzle 76*

Words	Synonym 1	Synonym 2

Challenge #2

Now that you are warmed-up, note 5 words you discovered in each Puzzle
noted below (#9, #17, #25) and try to find 2 antonyms for each word.
How many lines can you do in 20 minutes?

Note 5 Words from **Puzzle 9**

Words	Antonym 1	Antonym 2

Note 5 Words from **Puzzle 17**

Words	Antonym 1	Antonym 2

Note 5 Words from **Puzzle 25**

Words	Antonym 1	Antonym 2

Challenge #3

Wonderful, this monster  challenge is nothing to you!

Ready for the last one? Choose your 10 favorite words discovered in any of the Puzzles and note them below.

1.	6.
2.	7.
3.	8.
4.	9.
5.	10.

Now, using these words and within a maximum of six sentences, your challenge is to compose a text about a person, animal or place that you love!

Tip: You can use the last blank page of this book as a draft!

Your Writing:

NOTEBOOK:

SEE YOU SOON!

Delta Classics Team

ENJOY
FREE
GAMES
NOW ON
BESTACTIVITYBOOKS.COM/FREEGAMES

www.ingramcontent.com/pod-product-compliance
Lightning Source LLC
LaVergne TN
LVHW060303200726
843508LV00009B/1528